编　委　会

普通高等教育"十二五"本科国家级规划教材

21世纪高等院校管理学主干课程

丛书主编：王方华

财务管理实验及EXCEL应用指导

（第2版）

FINANCIAL MANAGEMENT EXPERIMENT

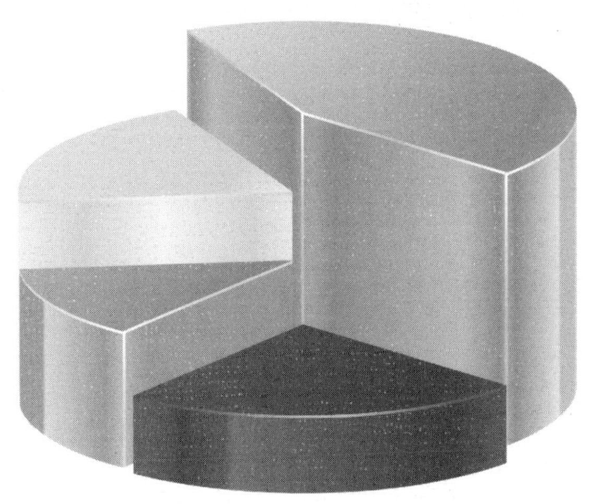

陈玉菁 沙一心 编 著

清华大学出版社
北 京

内 容 简 介

本书是“财务管理”课程的实验课指导教材，是指导学生利用 Excel 进行财务管理实践的入门书籍。本书打破了传统的按部就班讲解 Excel 知识的模式，结合大量的实例介绍了以 Excel 2013 为工具建立各种财务管理模型的方法。同时，在通过运用 Excel 2013 制作出各种财务工作表的基础上，使用 Excel 2013 中的公式或函数对数据进行运算处理，并结合图表使学生更加直观地获得数据所反映出的信息。

本书适合普通高等院校财务管理教学使用，也可供对财务管理学习感兴趣的读者参阅。

图书在版编目(CIP)数据

财务管理实验及 Excel 应用指导/陈玉菁，沙一心编著. --2 版. --北京：清华大学出版社，2016
(21 世纪高等院校管理学主干课程)
ISBN 978-7-302-42960-9

Ⅰ. ①财… Ⅱ. ①陈… ②沙… Ⅲ. ①表处理软件—应用—财务管理—高等学校—教材 Ⅳ. ①F275-39

中国版本图书馆 CIP 数据核字(2016)第 030561 号

责任编辑：刘志彬
封面设计：汉风唐韵
责任校对：宋玉莲
责任印制：沈　露

出版发行：清华大学出版社
　网　　址：http://www.tup.com.cn，http://www.wqbook.com
　地　　址：北京清华大学学研大厦 A 座　　**邮　　编**：100084
　社 总 机：010-62770175　　**邮　　购**：010-62786544
　投稿与读者服务：010-62776969，c-service@tup.tsinghua.edu.cn
　质量反馈：010-62772015，zhiliang@tup.tsinghua.edu.cn
印 刷 者：清华大学印刷厂
装 订 者：北京市密云县京文制本装订厂
经　　销：全国新华书店
开　　本：185mm×260mm　**印　张**：11.25　**插　页**：1　**字　　数**：268 千字
版　　次：2012 年 4 月第 1 版　2016 年 4 月第 2 版　**印　　次**：2016 年 4 月第 1 次印刷
印　　数：1～3000
定　　价：28.00 元

产品编号：068431-01

ZONG XU

总序

冬去春来，一转眼间，伴随我国实行改革开放从西方发达国家引入现代企业管理理论已经有25年了。25年来，从引进、消化、吸收到创新、发展，我们走了一条“洋为中用，融合提炼”的道路，许多先进的管理理论，在逐步引进、消化的过程中与中国企业本土的管理经验相结合，创造出许多具有中国特色的管理学的理论和方法。这些理论和方法，不仅为中国的管理学界所接受，为众多的中国企业所应用，还随着中国企业走出国门，走向世界，而为世界各国所瞩目、所应用。中国企业管理的工作者与研究者从理论和实践两个方面都对世界管理学的发展作出了重要的贡献。总结他们的经验，提炼具有中国特色的创新的管理理论，在面临经济全球化的今天显得很有必要。尤其是，把这些理论和方法吸收到大学的经济管理教材中去更为迫切和重要。这是我们组织编写本套丛书的主要动因，也是最直接的推动力。

在组织这套丛书的时候，我们是遵循着这样的思路设计编写指导思想的：

首先，我们确定了丛书的读者对象为高等院校尤其是理工科院校经济与管理专业的本科生以及非管理专业但选修管理作为第二学位的本科生，还有与他们有相近经历的理工科出身的企业管理者。

“定位”对于一切工作很重要，它是取得成功的重要因素。作为大学教师，应懂得因材施教这个道理，知道不同的对象要用不同的方法来开展教学活动。但是以往编写的教材，往往把读者笼统地看成一个无差异的群体，结果教学常常是事倍功半，难以取得预期的效果。这套丛书把读者定位作为一个很重要的写作前提，力求在因材施教上做一番努力。

理工科院校学生一般都有较扎实的理工基础，长于逻辑思维，并有较强的信息技术的知识和能力。所以在本书写作过程中我们力求突出主题，讲清概念，并尽量应用现代数理工具解决管理的实际问题。如应用计算机语言解决许多管理中的算法问题，既直观又简便，避免了许多传统、烦琐的计算，使学生学以致用，进而喜欢使用，用得其所。

其次，丛书突出了在经济全球化下企业管理的基本特征。众所周知，我国加入世界贸易组织后，中国经济已经融入了世界经济，实际上我国的各类企业都自觉不自觉地参与了全球的商业竞争。作为新形势下的企业管理人员必须具备国际竞争的能力。同样,用于新一代企业管理人才教学与培训的教材,也必须突出全球化的管理要求。我们深知,现在培养的学生在学成毕业后,大多都要成为企业业务骨干,他们要担负起中国企业走向世界、参与世界竞争的责任。他们在激烈的市场竞争中,将充分应用大学学到的知识,敢于竞争,善于竞争,并在竞争中脱颖而出,成为新一代企业家。这套丛书力求用最新的管理理论,用全球化的经营理念,用国际化战略设计解决企业在发展中亟须解决的各类问题,因此适应全球化竞争是丛书写作的重点,是力求全面反映的重要方面。

最后,丛书要体现信息化时代的各种需求。在信息化时代,知识爆炸、信息泛滥,各种新事物层出不穷,作为反映企业管理实践的管理科学也日益受到来自各方面的挑战。许多原理不断得到新的修正,许多概念变得更加简洁明了。为了适应这种变化,我们采取了三条措施,形成了丛书的三个特色。一,我们在每章的开头部分都列出了关键词和相关的网址,这主要是便于学生利用关键词到这些网站上去查阅最新的资料,这样做不仅便于学生查阅自己感兴趣的资料,同时也扩大了教材的内容,这些网站成为书的一个组成部分,使教材的内容随着信息化平台的不断扩大而获得了无限的增量。二,我们在部分章节中,突出了计算机软件语言的功能,帮助学生运用新的信息技术去解决管理中的数量化的问题。三,在书中列出了不少专论、标杆文章、案例分析等与教材的主要内容相配套的辅助读物,这样做扩大了学习的信息量,为教师提高教学质量提供了帮助和增加了手段,教师在教学中随时可以运用信息技术从各方面获取新的资料,及时加以调整,这样便可以在教材的主要内容和基本原理不发生大的改动的同时,通过专论和标杆文章的更新而使教学内容更加丰富,以跟上时代发展的步伐。

本丛书由上海交通大学安泰管理学院院长、博士生导师王方华教授任主编,由上海工程技术大学校长汪泓教授与上海理工大学商学院院长顾宝炎教授为副主编,参与丛书编写的有上海交通大学、上海理工大学、上海工程技术大学和上海应用技术学院二十多位长期从事理工科院校管理专业教学的教师,丛书的写作是在这四所学校老师共同努力下完成的,形成了理工科管理教学的特色,突出经济全球化需要的特点,反映信息技术革命的特征。我们希望这套丛书的出版能填补管理专业教材中的一些空白,能受到相关学校老师与同学的重视,为中国企业管理学科的发展发挥一点作用,作出应有的贡献。

本书的写作与出版得到了上述四所学校领导与教师的鼎力相助,得到了清华大学出版社的高度重视和帮助,在此一并表示感谢。

王方华

2006年5月于上海交通大学安泰楼

QIAN YAN 前言

财务管理是一门实用性很强的课程。为提高学生的实践能力，很多院校都开设了财务管理实验课程，但遇到的问题之一是：找不到合适教材，且实验课教材往往与专业课教材不配套。鉴于此，为满足教学的需要，特编写了本书。本书是由陈玉菁、宋良荣主编，在清华大学出版社出版的《财务管理》(第 4 版)配套实验课教材。

本书是指导读者利用 Excel 进行财务管理实践的入门教材。它打破了传统按部就班讲解 Excel 知识的模式，并结合了大量的实例，介绍了以 Excel 2013 为工具建立各种财务管理模型的方法。同时，通过对 Excel 2013 的运用，在制作各种财务工作表的基础上，使用 Excel 2013 中的公式或函数对数据进行运算处理，并结合图表使读者更加直观地获得数据所反映出的信息。

本书将财务管理的知识与计算机知识有机地结合在一起，所写章节基本涵盖了财务管理的全部内容，且注重实用性和可操作性。本书主要特点如下。

1. 易学、易懂、易操作

书中内容图文并茂，讲解深入浅出，操作步骤简单明了，循序渐进，便于学生学习、理解和操作。

2. 结构新颖

全书以模型制作为主导线，各个章节中采用“实验案例”“实验目的”“知识预备”“操作步骤”四大板块来指导学生学习与操作，每章后还配以“应用与练习”的内容，便于学生课后操练与巩固。

3. 贴近实践

全书各章节中的“实验案例”生动精彩，与实际生活联系紧密，部分案例采用了国内上市公司的真实数据，使学生能够对财务管理的内容有更多的感性认识。

本书除可作为大专院校财务管理实验课程的教材，也可用于企业实践培训教材，同时对于在财务管理方面有实践经验的用户也有较高的参考价值。另外，本书也适合刚刚接触 Excel 2013 的初学者学习。

选用本书并需要《应用与练习》答案的主讲教师，可在清华大学出版社相关

网站下载资料。

在编写过程中,尽管我们付出了很多努力,但由于作者本身水平有限,书中问题与不足之处在所难免,我们热切地期待广大读者批评、指正和建议。我们的联系方式是:chenyujing1011@163.com。

陈玉菁　沙一心

2015年11月

MU LU

目 录

第1章 Excel 2013应用基础

Excel 2013 可以方便用户完成各种表格和图表的设计，进行复杂的数据计算和分析，广泛应用于财务、经济、统计等领域。Excel 2013 是在 Excel 2007 的基础上，在界面和功能上进行了改进，为用户提供了更有效的操作空间。

1.1 Excel 2013 界面和主要功能

1. Excel 2013 的界面

Excel 2013 的界面，如图 1-1 所示。

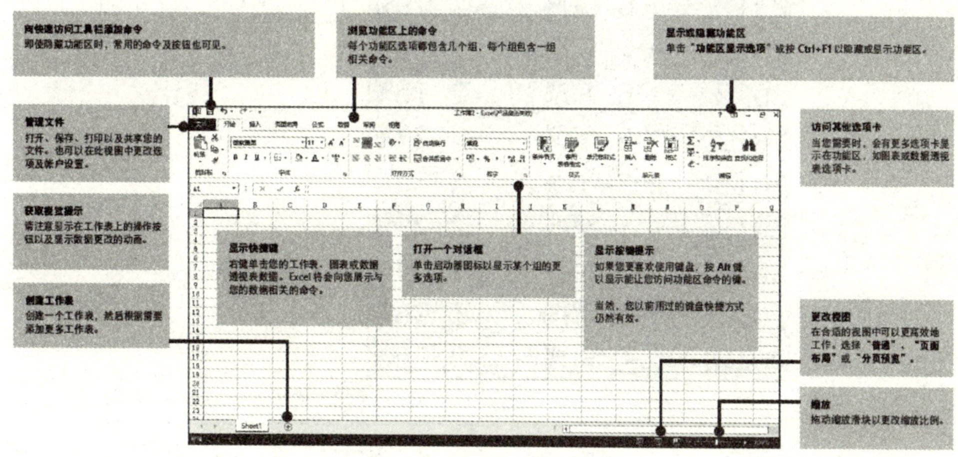

图 1-1 Excel 2013 界面

2. 常用工具和命令的路径

常用工具和命令的路径，如图 1-2 所示。

3. 快速分析

在 Excel 2013 工作表中，选择所需要的数据区域的右下角可以进行快速分析。如图 1-3 所示。

若要...	单击...	然后在以下位置查找...
新建、打开、保存、打印、共享、导出文件或者更改选项	文件	Backstage视图（在左窗格中单击命令）。
在单元格、列和行中设置数据格式并插入、删除、编辑或查找数据	开始	“数字”、“样式”、“单元格”和“编辑”组。
创建表格、图表、迷你表、报表、切片器以及超链接	插入	“表格”、“图表”、“迷你图”、“筛选器”和“链接”组。
设置页边距、分页符、打印区域或工作表选项	页面布局	“页面设置”、“调整为合适大小”和“工作表选项”组。
查找函数，定义名称或者解决公式问题。	公式	“函数库”、“定义的名称”和“公式审核”组。
导入或连接到数据，对数据进行排序和筛选，验证数据有效性，快速填充值，或者进行模拟分析	数据	“获取外部数据”、“连接”、“排序和筛选”和“数据工具”组。
检查拼写，审阅并修改，以及保护工作表或工作簿	审阅	“校对”、“批注”和“更改”组。
更改工作簿视图，排列窗口，冻结窗格，以及录制宏	视图	“工作簿视图”、“窗口”和“宏”组。

图 1-2　常用功能和命令的路径

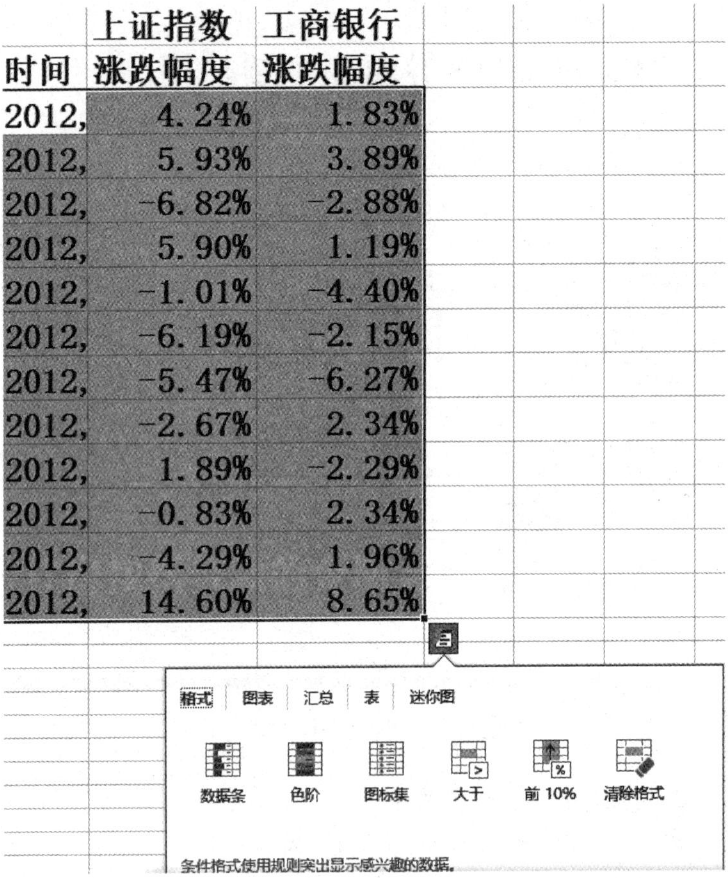
上证指数 涨跌幅度
工商银行 涨跌幅度
时间
2012, 4.24% 1.83%
2012, 5.93% 3.89%
2012, -6.82% -2.88%
2012, 5.90% 1.19%
2012, -1.01% -4.40%
2012, -6.19% -2.15%
2012, -5.47% -6.27%
2012, -2.67% 2.34%
2012, 1.89% -2.29%
2012, -0.83% 2.34%
2012, -4.29% 1.96%
2012, 14.60% 8.65%
格式
图表
汇总
表
迷你图
数据条
色阶
图标集
大于
前 10%
清除格式
条件格式使用规则突出显示感兴趣的数据。

图 1-3　快速分析

4. 更好的图表访问功能

Excel 2013 在选定图表的右上角提供了“图表元素”、“图表样式”和“图表筛选器”按钮，用来微调图表。图表访问功能如图 1-4 所示。

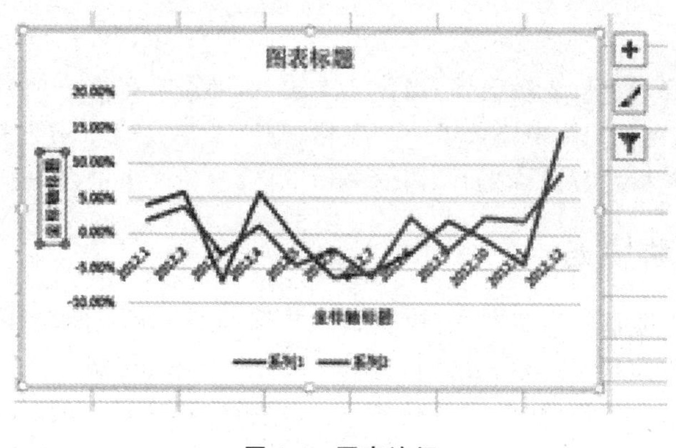

图 1-4　图表访问

1.2　数据管理及分析

在日常办公中，在 Excel 2013 电子表格中最常用的操作就是对数据的处理。Excel 中输入的数据可以是文字、数字、公式、图表、日期或字符等。在输入数据后，就可以对数据进行相应的管理分析，并能进一步运用公式函数及图表来处理数据。

1.2.1　数据输入

在工作表中输入数据时，只要选中要输入数据的单元格，并输入数字、文字等即可。

1. 数字的输入

在单元格中输入相同的数字，不同的格式下有不同的显示。选中单元格后，右击鼠标，在弹出的快捷菜单中选择“设置单元各格式”命令，在打开的“设置单元格格式”对话框里，可以对单元格的数字格式进行不同的调整。不同的工作要求对数据的格式选择也不同。例如，在财务会计工作中，常常需要显示货币符号，则只要设置单元格格式中的数字栏，选择“货币”或“会计专用”即可；当需要显示日期时，选择“日期”选项，然后选择所需显示的日期类型即可。如图 1-5 所示。

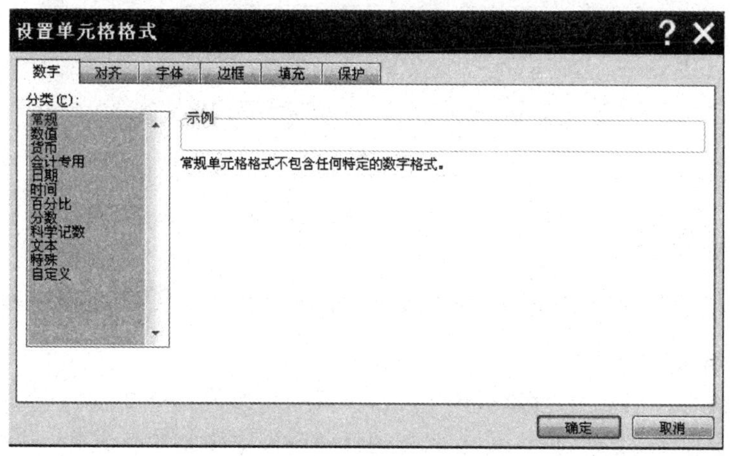

图 1-5　“设置单元格格式”对话框

2. 文本的输入

若想把一串字符(数字、逻辑值等)当作文本输入,则需要在第一个字母前用单引号"'"。需要注意的是,如果在单元格中输入了一个空格,则这个单元格就不再是空,它的值就是一个空格,因此,在单元格的数据输入时,切勿多加空格,避免产生错误,也不易查找数据。

1.2.2 数据自动填充

Excel 提供了自动填充功能,便于快速录入数据序列。利用此功能可将选定的单元格按列方向或行方向给其相邻的单元格填充数据。这里介绍填充柄。

在选定的单元格右下角,会看到方形点,当鼠标指针移动到上面时,会变成细黑十字形光标。具体使用时只要选定单元格,按住填充柄拖动,即可将选定单元格的内容复制到拖动的单元格中,还可以复制公式和格式。或者向选定单元格内拖动,等效于删除所选单元格内容。使用填充柄可以快速地引用相邻单元格的计算公式,减少了复杂公式输入的烦琐及粗心导致的错误。例如,计算成绩总分,在计算出甲的总分的情况下,只需拖动填充柄至 E6,即可快速算出其他人的总分,如图 1-6 和图 1-7 所示。

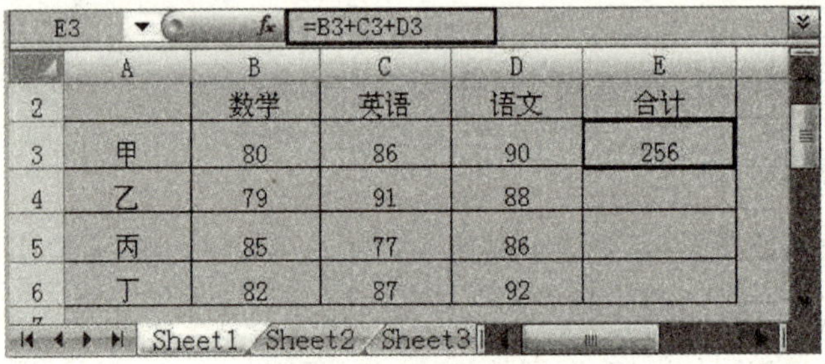

E3 fx =B3+C3+D3

	A	B	C	D	E
2		数学	英语	语文	合计
3	甲	80	86	90	256
4	乙	79	91	88	
5	丙	85	77	86	
6	丁	82	87	92	

Sheet1 Sheet2 Sheet3

图 1-6 计算甲的总分

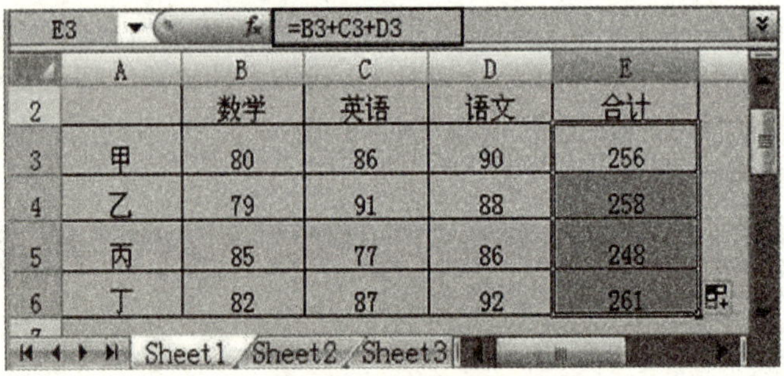

E3 fx =B3+C3+D3

	A	B	C	D	E
2		数学	英语	语文	合计
3	甲	80	86	90	256
4	乙	79	91	88	258
5	丙	85	77	86	248
6	丁	82	87	92	261

Sheet1 Sheet2 Sheet3

图 1-7 快速计算其他人的总分

1.2.3 数据分析

数据分析是指通过更改单元格中的值来查看这些更改对工作表中公式结果的影响过程。

1. 模拟运算表

模拟运算表是一个单元格区域,用于显示公式中一个或两个变量的更改对公式结果的影响。数据表提供了一种快捷手段,它可以通过一步操作计算多个结果;同时,它还是一种有效的方法,可以查看和比较由工作表中不同变化所引起的各种结果。

创建单变量数据表还是双变量数据表，取决于需要测试的变量和公式数。如果要查看一个或多个公式中某个变量的不同值对公式结果的影响，请使用单变量数据表。单变量数据表的输入值被排列在一列(列方向)或一行(行方向)中。单变量数据表中使用的公式必须仅引用一个输入单元格。

使用双变量数据表可以查看一个公式中两个变量的不同值对该公式结果的影响。双变量数据表使用含有两个输入值列表的公式。该公式必须引用两个不同的输入单元格。在“数据”菜单中选择，“模拟分析”中的“模拟运算表”命令，出现如图 1-8 所示的“数据表”对话框。

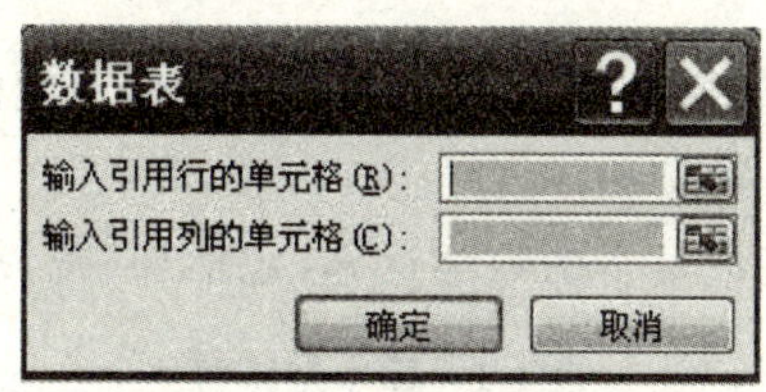

图 1-8　“数据表”对话框

2. 单变量求解

如果知道要从公式获得的结果，但不知道公式获得该结果所需的输入值，那么可以使用单变量求解功能。使用单变量求解时，要先选中目标单元格，输入目标值并选中可变单元格。例如，假设需要借入 10 000 元的款项，已知还款期限为 5 年，每年年末还款 2 300 元时，算得此时的利率为 5%，通过使用单变量求解可以确定当利率为 8%时，每年年末需要还款的金额，如图 1-9 和图 1-10 所示。

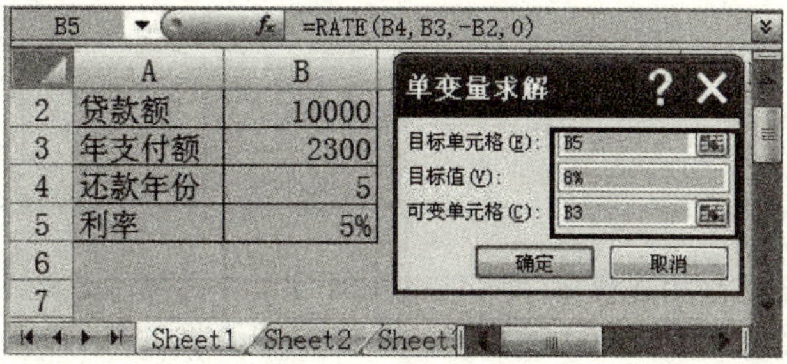

图 1-9　单变量求解

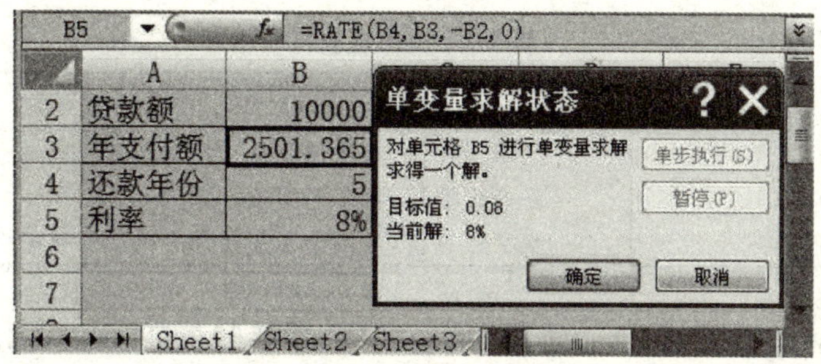

图 1-10　单变量求解结果

1.3 公式及函数

公式是函数的基础,它是单元格中的一系列值、单元格引用、名称或运算符的组合。函数是Excel预定义的内置公式,可以进行数学、文本、逻辑的运算或查找工作表中的信息,与直接使用公式相比,使用函数进行计算的速度更快,同时可减少错误的发生。

1.3.1 公式

1. 运算符

运算符是公式的基本元素,可以将公式中的元素按照一定的规律进行特定类型的运算。Excel包含以下4种类型的运算符。

(1) 算术运算符。用于完成基本的数学运算,包括加、减、乘、除、百分号等,见表1-1。

表1-1 算术运算符

运算符	含义	运算符	含义
+(加号)	加法运算	/(斜杠)	除法运算
-(减号)	减法运算	%(百分号)	百分比
*(星号)	乘法运算	^(脱字号)	幂运算

(2) 比较运算符。用于完成两个值的比较,并产生逻辑值True或者Flase,若条件符合,则产生逻辑真值True;否则,产生逻辑假值Flase。见表1-2。

表1-2 比较运算符

运算符	含义	运算符	含义
=(等号)	相等	>=(大于等于号)	大于等于
<(小于号)	小于	<=(小于等于号)	小于等于
>(大于号)	大于	<>(不等于号)	不等于

(3) 文本运算符。使用连接符“&”可以将多个字符串连接起来成一串文本。它包括文本与文本的连接,如“=‘财务’&‘管理’”;单元格与文本的连接,如“=A1&‘财务’”;单元格与单元格的连接,如“=A1&B1”。

(4) 引用运算符。它可以将单元格区域合并计算。见表1-3。

表1-3 引用运算符

运算符	含义
:(冒号)	区域运算符,对包括两个引用之间的所有单元格的引用
,(逗号)	联合运算符,将多个引用合并为一个引用
(空格)	交叉运算符,对两个引用所共有的单元格的引用

运算顺序从高到低依次为“:(冒号)”“(逗号)”“空格”“负号”“%(百分号)”“^(乘幂)”“*和/(乘和除)”“+和-(加和减)”“&(连接符)”“比较运算符”。

2. 公式输入

在单元格中输入公式的时候要以“＝”号作为开头，然后才是公式的表达式。在完成公式的输入按 Enter 键后，单元格中显示公式计算的结果，编辑栏中显示具体输入的公式。若需要在单元格中显示公式，可以通过执行“公式”选项卡中的“显示公式”命令。再次执行“显示公式”命令，单元格又会显示计算结果。也可以通过组合键“Ctrl＋`”来快速显示公式或隐藏公式。

3. 单元格引用

单元格引用是指在工作表中对单元格或单元格区域的引用，以获取公式中所使用的数值或数据。单元格引用分为相对引用、绝对引用和混合引用。

(1) 相对引用

相对引用是包含公式的单元格与被引用的单元格之间的位置是相关的，单元格或单元格区域的引用是相对于包含公式的单元格的相对位置，含有相对引用的公式会随单元格地址的变化而自动调整。例如，单元格 D3 的公式为“＝SUM(A3:C3)”，当该公式被复制到 D4 时，公式将会随着目标单元格的变化自动变成“＝SUM(A4:C4)”。

(2) 绝对引用

绝对引用是在公式中引用的单元格的地址与公式所在的单元格的位置无关，即被引用的单元格的地址不随着所在单元格的位置变化而变化。绝对引用的单元格在其列号和行号前要分别加上一个“$”。例如，单元格 D3 的公式为“＝SUM($A$3:$C$3)”，当该公式被复制到 D4 时，公式仍旧是“＝SUM($A$3:$C$3)”。

(3) 混合引用

混合引用是指在引用单元格地址时，一部分为相对引用地址；另一部分为绝对引用地址。例如，$A3 表示列的位置是不变的，而行的位置随目标单元格的变化而调整；反之，B$5 则表示行的位置是不变的，而列的位置会随着目标单元格的变化而调整。

1.3.2　函数

Excel 中内置了大量丰富的函数，用户可以方便地完成各种特定的操作。函数是系统预定义的具有特定功能的内置公式，它使用参数按照特定的顺序或结构进行计算。每个函数都是以函数名称开始，语法格式为“函数名称(参数 1，参数 2，……)”。参数是函数中最复杂的组成部分，它规定了函数的运算对象、顺序或结构等。大多数参数的数据类型是确定的，可以是数字常量、文本字符、逻辑值、数组、单元格引用或表达式等。函数本身也可以作为参数，如果一个函数没有参数，也必须加上括号。若函数是以公式的形式出现，应当在函数名称前加上等号。

1. 函数的类型

Excel 提供了丰富的函数，将这几百种函数按照功能主要可以分为以下几类：

(1) 数据库函数。用于分析、查找、计算数据清单中的数据。

(2) 日期与时间函数。用于对公式中的日期值和时间值进行计算、设置和格式化处理。

(3) 工程函数。用于工程数据分析与处理。

(4) 财务函数。用于财务分析和财务数据计算。

(5) 信息函数。用于判定单元格或公式中的数据类型。

(6) 逻辑函数。用于逻辑判定、复合检验。

(7) 查找与引用函数。用于在工作清单中查找特定数据或引用特定信息。

(8) 数学与三角函数。用于处理各种数学运算。

(9) 统计函数。用于对工作表数据进行统计、分析。

(10) 文本函数。用于对字符串进行各种运算与处理。

2. 函数的输入

当需要建立函数时,可以通过直接输入或者利用"插入函数"工具等方法来输入函数。

直接输入同公式的输入,可以直接在单元格或编辑栏内输入函数名称及参数。即选定单元格后,依次输入"="号、函数名、括号及具体参数,然后按 Enter 键。

利用"插入函数"方法时,先选中单元格,单击编辑栏上的插入函数按钮,在弹出的"插入函数"对话框中选中所需的函数并进行相关的操作即可,如图 1-11 所示。也可以通过选择"公式"选项卡上的"函数库"来插入函数。

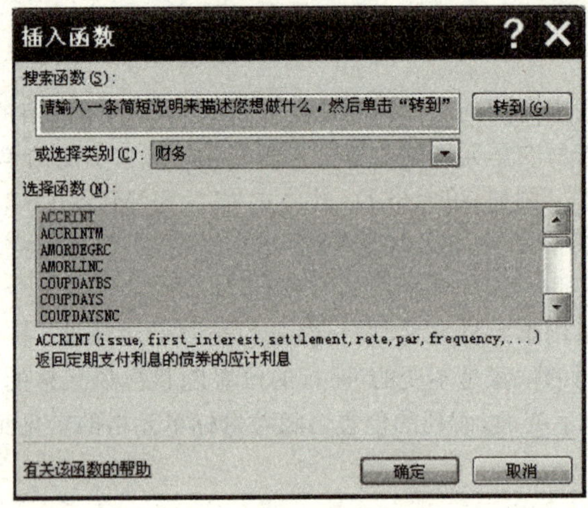

图 1-11 "插入函数"对话框

3. 常用财务函数

Excel 函数的运用大大简化了工作中数据的分析处理,在此对一些常用的财务函数进行简单的介绍,具体的操作使用将在本书的其他章节中体现。

(1) SUM 函数

SUM 对指定为参数的所有数字相加。每个参数都可以是区域、单元格引用、数组、常量、公式或另一个函数的结果。

语法格式:SUM(number1,number2,...)

(2) AVERAGE 函数

返回参数的平均值(算术平均值)。

语法格式:AVERAGE(number1,[number2],...)

(3) IF 函数

如果指定条件的计算结果为 TRUE,IF 函数将返回某个值;如果该条件的计算结果为

FALSE,则返回另一个值。

语法格式：IF(logical_test,value_if_true,value_if_false)

(4) FV 函数

基于固定利率及等额分期付款方式,返回某项投资的未来值。

语法格式：FV(rate,nper,pmt,pv,type)

(5) PV 函数

返回投资的现值,即一系列未来付款的当前值的累积和。

语法格式：PV(rate,nper,pmt,fv,type)

(6) NPV 函数

通过使用贴现率以及一系列未来支出(负值)和收入(正值),返回一项投资的净现值。

语法格式：NPV(rate,value1,value2,...)

(7) PMT 函数

基于固定利率及等额分期付款方式,返回贷款的每期付款额。

语法格式：PMT(rate,nper,pv,fv,type)

(8) IRR 函数

返回由数值代表的一组现金流的内部收益率。

语法格式：IRR(values,guess)

1.4 图表管理及分析

Excel 提供了强大的图表功能便于用户用直观、形象的图形定性地分析数据之间的各种相关性及发展趋势。合理地运用图表来阐释数据,使得表达结果层次分明、条理清晰、易于理解。

Excel 2013 为用户提供了柱形图、折线图、饼图、条形图、面积图、XY 散点图、股价图、曲面图、圆环图、气泡图、雷达图等 11 种标准图表类型,每种图表类型又包含了若干个子类型。

1.4.1 图表创建

数据图表是基于工作表中的数据建立起来的,当工作表中的数据改变时,图表也会随之改变。具体操作时,只需先选择图表数据区域,然后在“插入”菜单中选择“图表”,在弹出的“插入图表”对话框中选择“柱形图”,然后在工具栏中选择所需的图表类型。如图 1-12 所示。

1.4.2 图表的编辑

在生成图表后,还需对图表进行编辑调整,使图表完整、合理、美观。如坐标系列的调整、标题的显示等。下面简单介绍常用的几种图表编辑。

1. 图表布局的调整

根据不同数据图表分析的需要,选择相应的图表布局。选中图表区域后,在“设计”选项卡下的“图表布局”中可以快速选择布局类型来对图表显示进行调整。例如,三维柱形图的图表布局如图 1-13 所示。

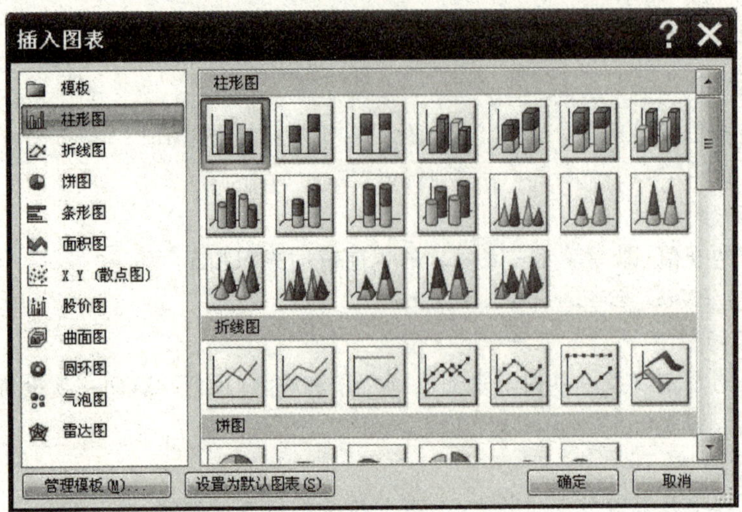

图 1-12 “插入图表”对话框

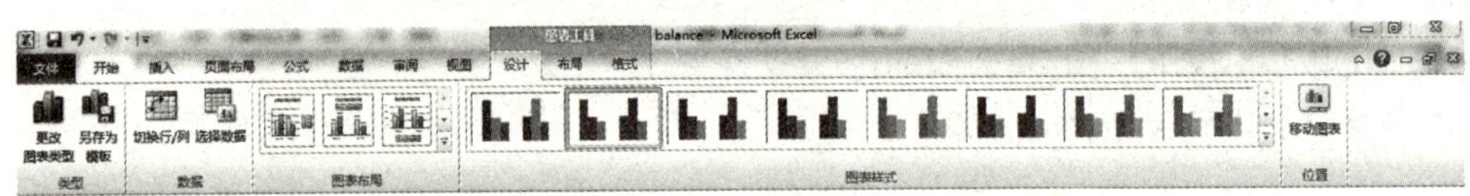

图 1-13 三维柱形图的图表布局

2. 数据系列的编辑

同样在“设计”选项卡中,选择“数据”中的“选择数据”,在弹出的“选择数据源”对话框中可以对数据进行添加、编辑、删除等操作,如图 1-14 所示。

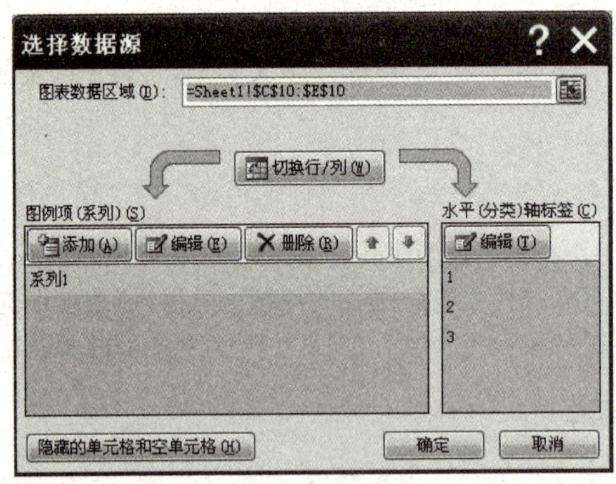

图 1-14 “选择数据源”对话框

3. 图表标签及坐标轴的调整

选择图表区域后,在“布局”选项卡中的“标签”选项组中可以对图表标题、坐标轴标题等进行设置,在“坐标轴”选项组中可以对坐标轴和网格线等进行调整设置,如图 1-15 所示。

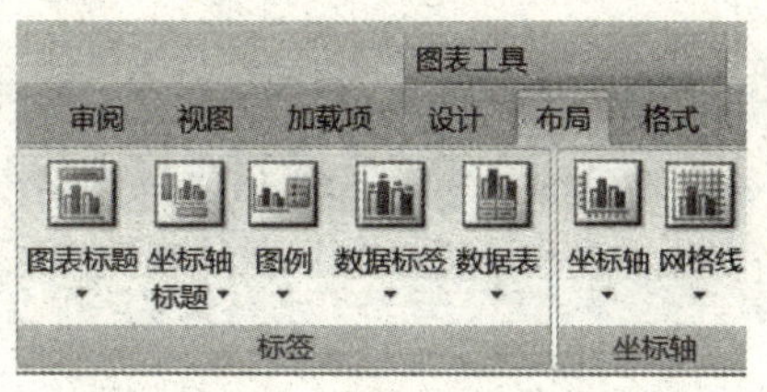

图 1-15　坐标轴的调整

4. 更改图表类型

选中图表区域后右击鼠标，从弹出的快捷菜单中选择“更改图表类型”命令，即可在弹出的对话框中重新调整图表类型。

5. 设置图表区域格式

选中图表区域后右击鼠标，从弹出的快捷菜单中选择“设置所选内容格式”命令，即可在弹出的对话框中进行相应的调整，如图 1-16 所示。

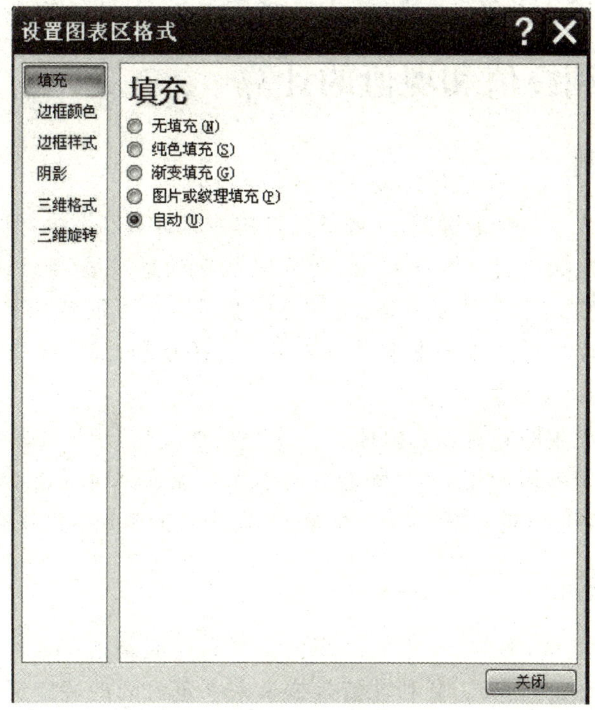

图 1-16　图表区域设置

第2章 资金的时间价值

资金在周转使用中由于时间因素而形成的差额价值,称为资金的时间价值。根据资金具有时间价值的理论,可以将某一时点的资金金额折算为其他时点的金额,以便将不同时点的资金量进行比较分析。资金时间价值的计算可以采用单利计算,也可采用复利计算。在财务管理决策中,一般采用复利计算方法。

实验 2.1 复利终值和现值的计算

2.1.1 实验案例

【案例 2-1】 李先生是个老股民,在股市已打拼多年且盈利不少,但是最近股市行情不好,他决定撤出资金 80 000 元,存入银行吃利息。虽然 5%的存款利率相对于他多年的股票盈利率低了不少,但是毕竟风险小了很多。李先生准备存 6 年,之后供给读中学的儿子将来出国备用。若按复利计算,试求 6 年之后李先生一共能拿回多少钱?

【案例 2-2】 李先生的好友陈老板拥有一家小型加工厂,现因工厂生产需要,向李先生借了一笔钱需使用 5 年,陈老板向李先生保证到时可连本带利还款 60 000 元。假定年利率(折现率)为 10%,试求出陈老板向李先生借款的金额。

2.1.2 实验目的

案例 2-1 求复利终值,案例 2-2 求复利现值。复利终值是指一定量的本金按复利计算若干期后的本利和。复利现值是指未来一定时间的特定资金按复利计算的现在价值。本实验分别运用公式法和函数法计算复利终值和复利现值,两种方法的计算结果相同。

2.1.3 知识预备

1. 复利终值

复利终值可按 $F=P\times(1+i)^n$ 的公式计算,也可利用 Excel 中的 FV 函数来计算。

FV 函数:基于固定利率及等额分期付款方式,返回某项投资的未来值。

语法格式为：FV(rate,nper,pmt,pv,type)。

- rate：各期利率。
- nper：总投资期，即该项投资的付款期总数。
- pmt：各期所应支付的金额，其数值在整个年金期间保持不变。通常 pmt 包括本金和利息，但不包括其他费用或税款。如果省略 pmt，则必须包括 pv 参数。
- pv：现值，或一系列未来付款的当前值的累积和。如果省略 pv，则假设其值为零，并且必须包括 pmt 参数。
- type：数字 0 或 1，0 表示各期的付款时间在期末，1 表示各期的付款时间在期初。如果省略 type，则默认其值为零。

2. 复利现值

复利现值可按 $P=F/(1+i)^n$ 的公式计算，也可利用 Excel 中的 PV 函数来计算。

PV 函数：返回投资的现值。现值为一系列未来付款的当前值的累积和。

语法格式：PV(rate,nper,pmt,fv,type)。

fv：未来值，或在最后一次支付后希望得到的现金余额，如果省略 fv，则假设其值为零（例如，一笔贷款的未来值即为零）。如果忽略 fv，则必须包括 pmt 参数。

其他参数具体含义可参考 FV 函数。

2.1.4 操作步骤

1.【案例 2-1】的操作步骤

(1) 利用公式计算复利终值

创建一个工作簿，在工作表中输入相关数据。在单元格 B5 中输入公式：=B2 * (1+B3)^B4，按【Enter】键得到按公式计算的终值结果，如图 2-1 所示。

(2) 利用函数计算复利终值

在单元格 B6 中输入公式：=-FV(B3,B4,0,B2)，按【Enter】键得到用 FV 函数计算的终值结果，如图 2-2 所示。

B5　=B2*(1+B3)^B4

	A	B	C
1	复利终值计算		
2	本金	80000	
3	利率	5%	
4	期数	6	
5	公式计算终值	107207.65	
6	函数计算终值		
7			

Sheet1 Sheet2 Sh

图 2-1 利用公式计算终值

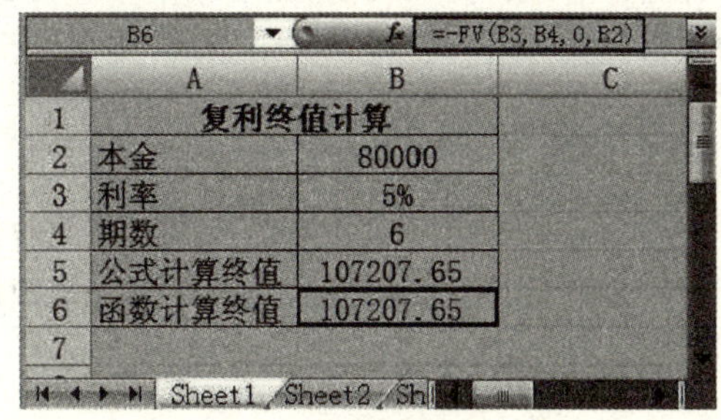

B6　=-FV(B3,B4,0,B2)

	A	B	C
1	复利终值计算		
2	本金	80000	
3	利率	5%	
4	期数	6	
5	公式计算终值	107207.65	
6	函数计算终值	107207.65	
7			

Sheet1 Sheet2 Sh

图 2-2 利用函数计算终值

小提示

关于 FV 函数：在利用 FV 等函数的计算中，对于参数中的支出的款项，如支付银行存款，表示为负数；收入的款项，如股息收入，表示为正数，因此在函数前面加个负号使其变为正值便于阅读。同时，利用相关财务函数计算时，若显示的结果为货币格式，可通过设置单

元格格式转换为数值格式。

2.【案例 2-2】的操作步骤

(1) 利用公式计算复利现值

在“Sheet2”工作表中输入相关数据。在单元格 B5 中输入公式：=B2/(1+10%)^5，则得到利用公式计算的现值结果，如图 2-3 所示。

(2) 利用函数计算复利现值

在单元格 B6 中输入公式：=-PV(B3,B4,0,B2)，则得到利用 PV 函数计算的现值结果，如图 2-4 所示。

B5 =B2/(1+10%)^5

	A	B	C
1	复利现值计算		
2	未来收益	60000	
3	利率	10%	
4	期数	5	
5	公式计算现值	37255.28	
6	函数计算现值		
7			

Sheet1 Sheet2 Sh

图 2-3 利用公式计算现值

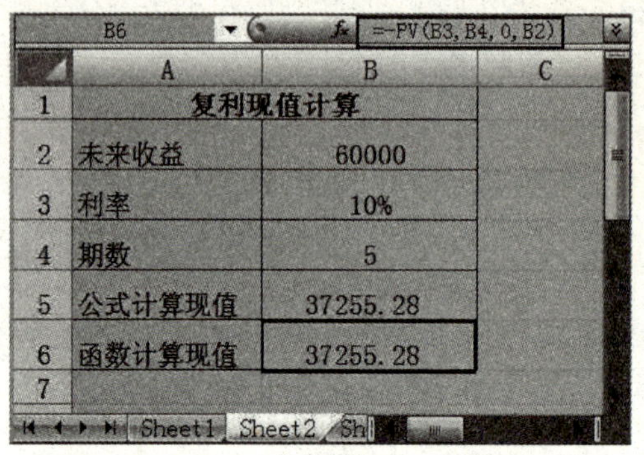
B6 =-PV(B3,B4,0,B2)

	A	B	C
1	复利现值计算		
2	未来收益	60000	
3	利率	10%	
4	期数	5	
5	公式计算现值	37255.28	
6	函数计算现值	37255.28	
7			

Sheet1 Sheet2 Sh

图 2-4 利用函数计算现值

实验 2.2 年金计算

2.2.1 实验案例

某汽车制造厂新引进一条生产线，该生产线能大幅度增加企业的效益。但是前 5 年该生产线需要投入一定的维护费，估计每年期末的维护费为 100 万元。假定贴现率为 8%，要求计算 5 年维护费的现值、至第 5 年年末时的价值，并完成变量之间的构建来说明它们之间的联系。

2.2.2 实验目的

年金是指一定时期内每期相等金额的收付款项。本实验通过运用 Excel 中提供的函数计算年金终值、年金现值，以及折现率和期数的计算等。

2.2.3 知识预备

按公式计算普通年金现值，$P=A\times(1-(1+i)^{-n})/i$

实验中将运用到 PV、FV、PMT、RATE、NPER 函数。

PMT 函数：基于固定利率及等额分期付款方式，返回贷款的每期付款额。

语法格式：PMT(rate,nper,pv,fv,type)。

- rate：贷款利率。
- nper：该项贷款的付款总数。

- pv：现值，或一系列未来付款的当前值的累积和，也称为本金。
- fv：未来值，或在最后一次付款后希望得到的现金余额，如果省略 fv，则假设其值为零，也就是一笔贷款的未来值为零。
- type；数字 0 或 1，用以指定各期的付款时间是在期初还是期末。

RATE 函数：返回年金的各期利率。

语法格式：RATE(nper,pmt,pv,fv,type,guess)。

NPER 函数：基于固定利率及等额分期付款方式，返回某项投资的总期数。

语法格式：NPER(rate, pmt, pv, fv, type)。

参数说明参阅 PMT 函数或实验 2.1 中的 FV 函数。

2.2.4　操作步骤

1. 计算年金现值

创建一工作簿，在工作表中输入有关数据。在单元格 B5 中输入公式：=B2*(1-((1+B3)^(-B4)))/B3，在单元格 B6 中输入公式：=-PV(B3,B4,B2,0)，则分别得到利用公式和函数计算出的年金现值，如图 2-5 所示。

2. 计算年金终值

在单元格 B7 中输入公式：=-FV(B3,B4,B2,0)，则得到终值，如图 2-6 所示。

B6　=-PV(B3,B4,B2,0)

	A	B	C
1	年金变量分析		
2	支付额	100	
3	贴现率	8%	
4	期数	5	
5	公式计算年金现值	399.27	
6	函数计算年金现值	399.27	
7	年金终值		
8	函数计算支付额		
9	函数计算贴现率		
10	函数计算期数		
11			

图 2-5　年金现值的计算

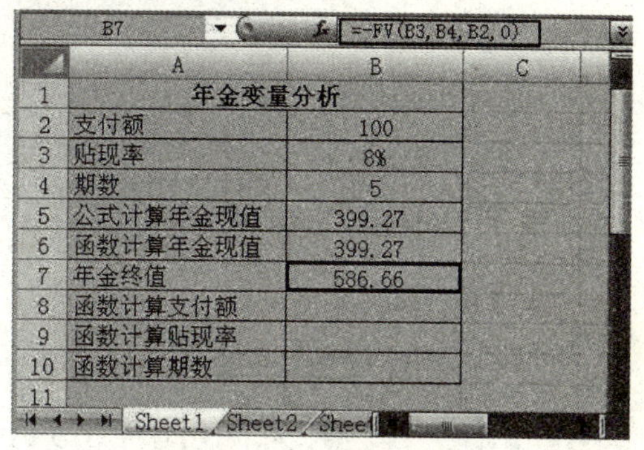
B7　=-FV(B3,B4,B2,0)

	A	B	C
1	年金变量分析		
2	支付额	100	
3	贴现率	8%	
4	期数	5	
5	公式计算年金现值	399.27	
6	函数计算年金现值	399.27	
7	年金终值	586.66	
8	函数计算支付额		
9	函数计算贴现率		
10	函数计算期数		
11			

图 2-6　年金终值的计算

3. 计算每期支付额

在单元格 B8 中输入公式：=PMT(B3,B4,-B6,0)，则可得到支付额，如图 2-7 所示。

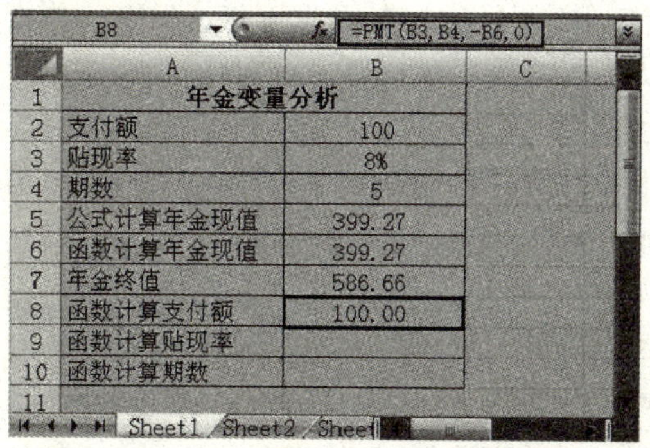
B8　=PMT(B3,B4,-B6,0)

	A	B	C
1	年金变量分析		
2	支付额	100	
3	贴现率	8%	
4	期数	5	
5	公式计算年金现值	399.27	
6	函数计算年金现值	399.27	
7	年金终值	586.66	
8	函数计算支付额	100.00	
9	函数计算贴现率		
10	函数计算期数		
11			

图 2-7　每期支付额的计算

4. 计算贴现率

在单元格 B9 中输入公式：=RATE(B4,B2,-B6,0)，则得到贴现率，如图 2-8 所示。

B9 =RATE(B4,B2,-B6,0)

	A	B	C
1	年金变量分析		
2	支付额	100	
3	贴现率	8%	
4	期数	5	
5	公式计算年金现值	399.27	
6	函数计算年金现值	399.27	
7	年金终值	586.66	
8	函数计算支付额	100.00	
9	函数计算贴现率	8%	
10	函数计算期数		
11			

Sheet1 Sheet2 Sheet

图 2-8　贴现率的计算

5. 计算期数

在单元格 B10 中输入公式：=NPER(B3,B2,-B6,0)，则得到期数，如图 2-9 所示。

B10 =NPER(B3,B2,-B6,0)

	A	B	C
2	支付额	100	
3	贴现率	8%	
4	期数	5	
5	公式计算年金现值	399.27	
6	函数计算年金现值	399.27	
7	年金终值	586.66	
8	函数计算支付额	100.00	
9	函数计算贴现率	8%	
10	函数计算期数	5	
11			
12			

Sheet1 Sheet2 Sheet

图 2-9　期数的计算

实验 2.3　贷款实际利率的计算

2.3.1　实验案例

一家小型玩具加工厂因资金周转需要，决定年初向当地一金融机构借款，该机构决定贷款 200 000 元，贷款年利率为 10%，贷款期限为 1 年。现有三种贷款方式可供选择：第一种，银行提供贷款时，借款人需在借款期初即支付利息，即所谓贴息贷款；第二种，银行要求借款人在贷款期内分期偿还贷款，即分期等额偿还贷款，要求每 90 天偿还一次；第三种，银行规定借款人在账户内保留 20%的余额，即有补偿余额条件贷款，此时公司只能筹得 160 000 元。要求计算各种贷款方式的实际利率。

2.3.2　实验目的

在筹资或借贷活动中，贷款利息支付方式各异，企业贷款的实际利率往往也就不同，所以企业在借贷活动中需要对各种贷款方案进行实际利率的计算，从而确定合理的贷款方案。

本实验将对多种不同利息支付方式的贷款方案进行实际利率的计算。

2.3.3　知识预备

本实验将运用到的计算公式为：

贴息贷款的实际利率$=(1+I/(M-I))^n-1$；

分期等额偿还贷款的实际利率$=2(360/T)\times I/(M(n+1))$；

有补偿余额条件贷款的实际利率$=I/(M(1-B))$，其中：

I——贷款利息；

M——贷款额；

n——贷款期内的还款次数；

T——每期还款的天数；

B——补偿余额。

2.3.4　操作步骤

1. 计算年贷款利息

创建一工作簿，在工作表中输入相关数据。在单元格 B4 中输入公式：=B2 * B3，则算出贷款利息，如图 2-10 所示。

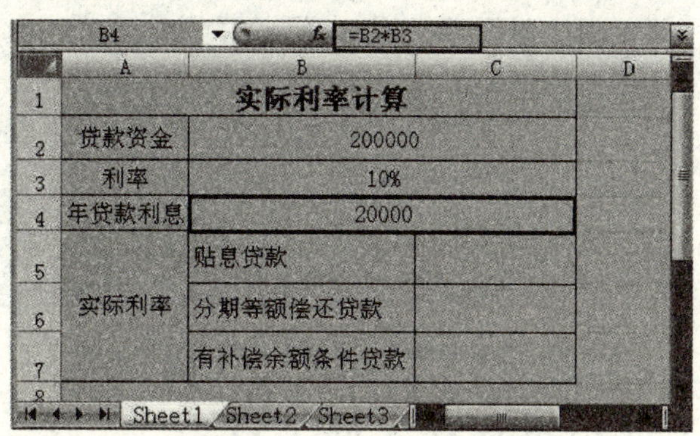

B4　=B2*B3

	A	B	C	D
1	实际利率计算			
2	贷款资金	200000		
3	利率	10%		
4	年贷款利息	20000		
5	实际利率	贴息贷款		
6		分期等额偿还贷款		
7		有补偿余额条件贷款		
8				

Sheet1 / Sheet2 / Sheet3

图 2-10　贷款利息的计算

2. 计算贴息贷款的实际利率

在单元格 C5 中输入公式：=B4/(B2−B4)，则算出利率，如图 2-11 所示。

C5　=B4/(B2-B4)

	A	B	C	D
2	贷款资金	200000		
3	利率	10%		
4	年贷款利息	20000		
5	实际利率	贴息贷款	11.11%	
6		分期等额偿还贷款		
7		有补偿余额条件贷款		
8				

Sheet1 / Sheet2 / Sheet3

图 2-11　贴息贷款实际利率的计算

3. 计算分期等额偿还贷款的实际利率

在单元格 C6 中输入公式：=(2 * 4 * B4)/(B2 * (4+1))，则算出利率，如图 2-12 所示。

C6 =(2*4*B4)/(B2*(4+1))

	A	B	C	D
2	贷款资金	200000		
3	利率	10%		
4	年贷款利息	20000		
5	实际利率	贴息贷款	11.11%	
6		分期等额偿还贷款	16.00%	
7		有补偿余额条件贷款		
8				

图 2-12 分期等额偿还贷款实际利率的计算

4. 计算有补偿余额条件贷款的实际利率

在单元格 C7 中输入公式：=B4/(B2 * (1-20%))，则算出利率，如图 2-13 所示。

C7 =B4/(B2*(1-20%))

	A	B	C	D
2	贷款资金	200000		
3	利率	10%		
4	年贷款利息	20000		
5	实际利率	贴息贷款	11.11%	
6		分期等额偿还贷款	16.00%	
7		有补偿余额条件贷款	12.50%	
8				

图 2-13 有补偿余额条件贷款实际利率的计算

实验 2.4 住房按揭贷款的分期支付

2.4.1 实验案例

小李在一家外企工作，由于工作努力受到提拔，薪酬也大幅提高，于是准备购置新房。他计划向银行申请总额为 1 200 000 元的住房按揭贷款，在 1 年内按月分期等额偿还或等本还款，年利率为 12%，月利率为 1%，请为小李计算他每月需要偿还多少房贷(注：实际按揭贷款最长为 30 年，为了方便操作设为 1 年)。

2.4.2 实验目的

房屋抵押贷款的分期支付一般是按月等额或等本偿还，按月利率计息。计算实际年利率，并比较等额还款与等本还款的异同。

2.4.3　知识预备

本实验将运用到的计算公式如下：

实际年利率　　　　　　$R_m=(1+r/m)^m-1$

初始贷款额　　　　　$P=A(1-(1/(1+R_m)^{12n}))/R_m$

其中：r——名义年利率；

m——年还款次数；

A——月等额支付额；

n——抵押贷款偿还年数。

2.4.4　操作步骤

1. 等额还款

(1) 计算实际年利率

创建一工作簿，在工作表中输入相关数据。在单元格 B6 中输入公式：=(1+B6/B3)^B3−1，即可算出实际年利率。

(2) 计算每月偿还额

在单元格 B7 中输入公式：=−PMT(B3,B4,B2)则算得每月偿还额。

(3) 计算不考虑资金时间价值的总还款额

在单元格 B8=B5 * B4 中，得到如图 2-14 所示的结果。

	A	B
1		住房按揭贷款分期等额还款
2	贷款本金	1200000
3	月利率	1%
4	年还款期数	12
5	月还款额	¥106,618.55
6	名义年利率	12%
7	实际年利率	12.68%
8	总还款额	¥1,279,422.56

图 2-14　等额还款每月偿还额的计算

2. 等本还款

(1) 在 A13 输入公式=$B$9/$B$11

(2) 在 B13 输入公式=D13 * $B$10

(3) 在 D14 输入公式=D13−A13

(4) 在 D25 对月还款额求和

(5) 在 D26 输入公式=NPV(1%,12,C13:C24)

得到如图 2-15 所示的结果。

	A	B	C	D
8		住房按揭贷款分期等本还款		
9	贷款本金	1200000		
10	月利率	1%		
11	还款期数	12		
12	月偿还本金	月利息	月还款额	尚未偿还本金
13	100000	12000	112000	1200000
14	100000	11000	111000	1100000
15	100000	10000	110000	1000000
16	100000	9000	109000	900000
17	100000	8000	108000	800000
18	100000	7000	107000	700000
19	100000	6000	106000	600000
20	100000	5000	105000	500000
21	100000	4000	104000	400000
22	100000	3000	103000	300000
23	100000	2000	102000	200000
24	100000	1000	101000	100000
25	总还款额		1278000	0
26	月还款额的现值		¥1,188,130.69	

图 2-15 等本还款月偿还额的计算

实验 2.5 β系数的计算

2.5.1 实验案例

计算中国工商银行和上海机电2012年按月涨跌幅度计算的β系数,无风险收益率假定为一年期定期存款年利率,2012年一年期定期存款年利率为3.5%。

2.5.2 实验目的

掌握资本资产定价模型中β系数的计算过程。

2.5.3 知识预备

本实验将运用到的计算公式如下:

$$\beta_a = \frac{\mathrm{Cov}(r_a, r_m)}{\sigma_m^2}$$

其中:σ_m为市场的标准差。

(1) Covar函数。返回协方差,即每对数据点的偏差乘积的平均数,利用协方差可以决定两个数据集之间的关系。语法格式为:

```
COVAR(array1,array2)
```

array1:第一个所含数据为整数的单元格区域。

array2:第二个所含数据为整数的单元格区域。

(2) Var.s函数。计算基于整个样本的方差。语法格式为:

```
VAR.s(number1,number2,…)
```

number1,number2,…为对应于样本总体的1～255个参数。

2.5.4 操作步骤

1. 计算风险收益率

创建一工作簿,在工作表中输入相关数据。在单元格F3中输入公式:=C3－\$A\$3/12,得到上证指数2012年1月的风险收益率,将公式复制到其他单元格得到其他各月和其他股票的风险收益率。

2. 计算方差和协方差

在F16中输入公式=VAR.S(F3:F14),

在G16中输入公式=COVARIANCE.S(\$F\$3:\$F\$14,G3:G14),并复制到H16。

3. 计算 β 系数

在G17中输入公式=G16/\$F\$16,并复制到H17。计算结果如图2-16所示。

	A	B	C	D	E	F	G	H
1	无风险		上证指数	工商银行	上海机电	上证指数	工行	上海机电
2	收益率	时间	涨跌幅度	涨跌幅度	涨跌幅度	风险收益率	风险收益率	风险收益率
3	3.50%	2012,1	4.24%	1.83%	7.50%	3.95%	1.54%	7.21%
4		2012,2	5.93%	3.89%	13.27%	5.64%	3.60%	12.98%
5		2012,3	-6.82%	-2.88%	-14.61%	-7.11%	-3.17%	-14.90%
6		2012,4	5.90%	1.19%	15.70%	5.61%	0.90%	15.41%
7		2012,5	-1.01%	-4.40%	1.59%	-1.30%	-4.69%	1.30%
8		2012,6	-6.19%	-2.15%	-8.54%	-6.48%	-2.44%	-8.83%
9		2012,7	-5.47%	-6.27%	-5.66%	-5.76%	-6.56%	-5.95%
10		2012,8	-2.67%	2.34%	7.67%	-2.96%	2.05%	7.38%
11		2012,9	1.89%	-2.29%	-2.46%	1.60%	-2.58%	-2.75%
12		2012,10	-0.83%	2.34%	-3.59%	-1.12%	2.05%	-3.88%
13		2012,11	-4.29%	1.96%	-12.95%	-4.58%	1.67%	-13.24%
14		2012,12	14.60%	8.65%	14.40%	14.31%	8.36%	14.11%
15						方差	协方差	协方差
16						0.004040	0.001937	0.005665
17						β	0.479461	1.402499

图2-16 β 系数的计算

【应用与练习】

1. 张先生在售楼处看中一套100平方米的商品房,首付为60万元,之后分8年每年年末支付5万元,假设目前市场价格为7 000元/平方米,试帮张先生将看中的商品房与市场价进行比较,假定折现率为6%。

2. 小王欲将2万元的现金存起来,给正在上小学的儿子以后读大学用,小王希望6年后连本带利能达到3万元,请问若按复利计算,存款利率至少应为多少,才能达到小王的要求。

3. 某制造企业欲连续3年每年年末向银行借款1 500万元,用于对厂房的扩建,预计第4年年初扩建完成投产,假定借款利率为10%,要求:

(1) 计算项目竣工时的总投资额;

(2) 扩建完成投产后,分 5 年等额归还全部借款的本息,计算每年的支付额为多少?

(3) 投产后每年可获利 1 000 万元,若全部用来偿还借款本息,计算需要多少年还清借款?

4. 一家小型民营企业年初急需资金周转,故将其一厂房进行抵押贷入 50 万元,年利率为 12%,每季度复利一次,则年末应归还本息的总额为多少?

5. 小王在一家外企工作,由于工作努力受到提拔,薪酬也大幅提高,于是准备购置新房。他计划向银行申请总额为 1 000 000 元的住房按揭贷款,在 20 年内按月分期等额偿还或等本还款,年利率为 12%,月利率为 1%。要求:

(1) 为小李计算,他每月需要偿还多少房贷。

(2) 比较等额还款与等本还款的差异。

负债与权益筹资决策　第3章

资金是企业进行生产经营活动的必要条件。筹集资金是企业资金运动的起点，是决定资金运动规模和生产经营发展程度的重要环节。企业筹集资金可按不同的标准进行分类，其中最常见的分类是按照资金的来源渠道分为负债筹资和权益筹资。负债筹资方式主要有向银行借款、发行债券、融资租赁等。权益筹资方式主要有吸收直接投资、发行股票等。

实验 3.1　银行长期借款筹资决策

3.1.1　实验案例

A 公司为了购买一套甲设备，需要向银行借款 100 万元，年利率 8%，期限 4 年，每年末偿还一次。该公司企业所得税税率为 25%，现金利率的贴现率为 5%。

（1）要求计算每期偿还金额。

（2）如果对偿还次数和利率做改动，还款总期数分别为 2 次、3 次、4 次、5 次，6 次，年利率分别为 5%、6%、7%、8%、9%，求不同借款利率和借款期数下应支付的分期还款金额。

（3）计算 A 公司在向银行借款 100 万元，年利率 8%，期限为 4 年，每年末偿还一次的条件下，应偿还本息的现值。

3.1.2　实验目的

长期借款是企业筹资方式中常用的一种方式，筹资成本相对比较低。在对长期借款进行分析时，需要根据其借款金额、利率、期限和还款方式等对还款额进行测算，并进行比较分析。

3.1.3　知识预备

实验中需要运用到 PPMT 函数和 IPMT 函数。

PPMT 函数：基于固定利率及等额分期付款方式，返回投资在某一给定期间内的本金偿还额。

语法格式为：PPMT(rate,per,nper,pv,fv,type)。

- rate：各期利率。
- per：用于计算利息数额的期数,介于1～nper之间。
- nper：付款期总数。
- pv：现值或本金。
- fv：未来值,或在最后一次付款后希望得到的现金余额,若忽略,则其值为0。
- type：用以指定各期的付款时间是在期初还是在期末,若0则为期末,1为期初,如果省略,则假设值为零。

需要注意的是,计算结果为负值,因为这是一笔付款,亦即支出现金流。

IPMT函数：基于固定利率及等额分期付款方式,返回投资在给定期内的投资回报或贷款偿还利息额。

语法格式：IPMT(rate,per,nper,pv,fv,type)。

公式中参数含义与PPMT相同。

在进行现值计算中,要了解以下几个计算公式：

$$避税额 = 偿还利息 \times 所得税税率；$$

$$净现金流量 = 还款额 - 避税额；$$

$$净现金流量现值 = 净现金流量 /(1 + 贴现率)^{期数}。$$

Excel提供了模拟运算表工具,运用它可以在一个单元区域内显示出多个不同数值代入一个或多个公式的结果。

3.1.4 操作步骤

本实验的操作步骤如下：

(1) 创建工作簿,输入数据至工作表；

(2) 计算还款总期数和每期还款额；

(3) 建立双变量模型工作表；

(4) 进行双变量模拟运算；

(5) 建立筹资现值计算表格；

(6) 计算等额还款金额；

(7) 计算偿还本金；

(8) 计算期初尚欠本金；

(9) 计算偿还利息；

(10) 计算避税额；

(11) 计算净现金流量；

(12) 计算现金流量的现值；

(13) 计算各项目合计值。

具体操作如下：

1. 创建工作簿

在工作表中建立长期借款基本模型表格，并输入有关数据，如图 3-1 所示。

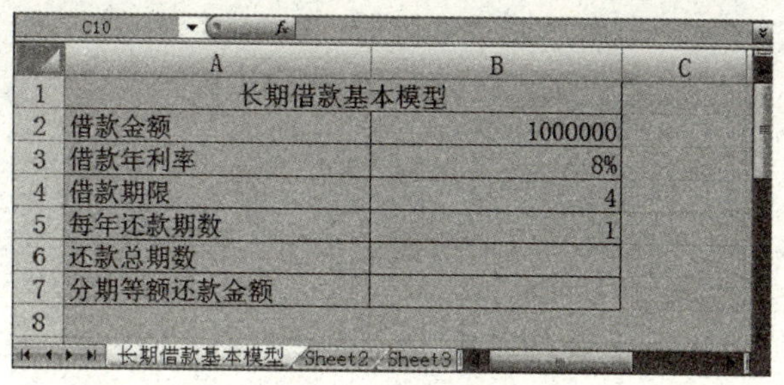

	A	B	C
1	长期借款基本模型		
2	借款金额	1000000	
3	借款年利率	8%	
4	借款期限	4	
5	每年还款期数	1	
6	还款总期数		
7	分期等额还款金额		
8			

图 3-1 创建工作簿

2. 计算还款总期数和每期偿还额

在 B6 单元格中输入公式：＝B4 * B5，按【Enter】键计算得出总期数。在 B7 单元格中输入公式：＝PMT($B$3/$B$5, $B$6, $B$2)，按【Enter】键计算得出每期偿还金额，如图 3-2 所示。

B7 =PMT($B$3/$B$5,$B$6,$B$2)

	A	B	C
1	长期借款基本模型		
2	借款金额	1000000	
3	借款年利率	8%	
4	借款期限	4	
5	每年还款期数	1	
6	还款总期数	4	
7	分期等额还款金额	￥-301,920.80	
8			

图 3-2 还款总期数和每期还款额的计算

3. 建立长期借款双变量模型

在上述工作簿中，将“Sheet2”工作表重命名为“长期借款双变量模型”，从“长期借款基本模型”工作表中复制 A1:B7 单元格区域并粘贴到“长期借款双变量模型”工作表中，在 A11 中输入公式：＝B7。然后在 B11:F11 单元格区域分别输入不同的还款总期数，在 A12:A16 单元格区域分别输入不同的借款利率，如图 3-3 所示。

4. 双变量模拟运算

选中 A11:F16 单元格区域，单击主菜单栏中的“数据”，然后单击“模拟分析”，选中下拉菜单中的“模拟运算表”，打开“模拟运算表”对话框，在“输入引用行的单元格”文本框中输入“$B$6”，在“输入引用列的单元格”文本框中输入“$B$3”，单击“确定”，则在单元格区域就计算出不同利率和借款期数下应支付的分期还款金额，如图 3-4 和图 3-5 所示。

A	B	C	D	E	F
借款金额	1000000				
借款年利率	8%				
借款期限	4				
每年还款期数	1				
还款总期数	4				
分期等额还款金额	¥-301,920.80				
借款年利率	还款总期数				
¥-301,920.80	2	3	4	5	6
5%					
6%					
7%					
8%					
9%					

图 3-3 长期借款双变量模型

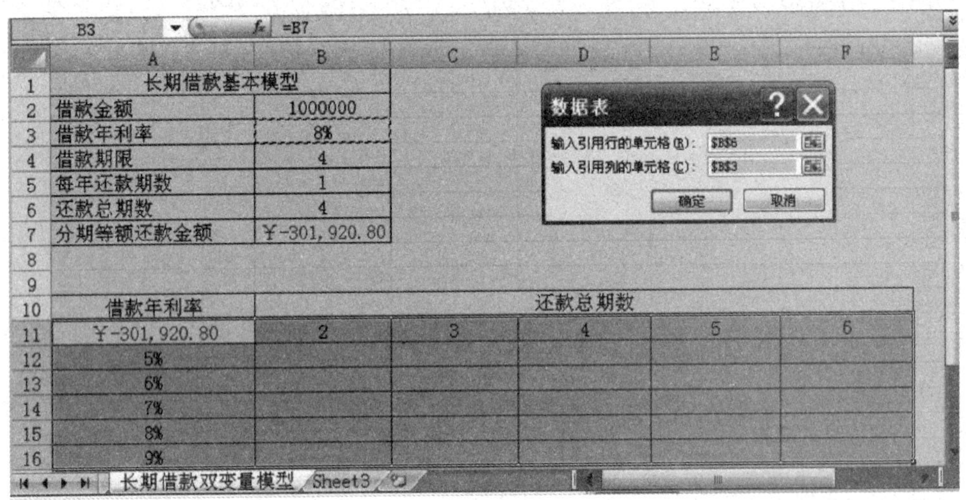

A	B	C	D	E	F
长期借款基本模型					
借款金额	1000000				
借款年利率	8%				
借款期限	4				
每年还款期数	1				
还款总期数	4				
分期等额还款金额	¥-301,920.80				
借款年利率	还款总期数				
¥-301,920.80	2	3	4	5	6
5%					
6%					
7%					
8%					
9%					

图 3-4 进行双变量模拟运算

5. 建立筹资现值计算表格

将“Sheet3”工作表重命名为“长期借款筹资现值”,从“长期借款基本模型”工作表中复制 A1:B7 单元格区域并粘贴到“长期借款筹资现值”工作表中,并建立长期借款筹资现值计算表格,如图 3-6 所示。

6. 计算等额还款金额

在单元格 B14 中输入公式:=－$B$7,按【Enter】键,然后拖动填充柄复制公式至单元格 B17,如图 3-7 所示。

7. 计算每期偿还本金

在单元格 C14 中输入公式:=ABS(PPMT($B$3/$B$5,A14,$B$6,$B$2)),

A11 =B7

	A	B	C	D	E	F
1	长期借款基本模型					
2	借款金额	1000000				
3	借款年利率	8%				
4	借款期限	4				
5	每年还款期数	1				
6	还款总期数	4				
7	分期等额还款金额	￥-301,920.80				
8						
9						
10	借款年利率	还款总期数				
11	￥-301,920.80	2	3	4	5	6
12	5%	-537,804.88	-367,208.56	-282,011.83	-230,974.80	-197,017.47
13	6%	-545,436.89	-374,109.81	-288,591.49	-237,396.40	-203,362.63
14	7%	-553,091.79	-381,051.67	-295,228.12	-243,890.69	-209,795.80
15	8%	-560,769.23	-388,033.51	-301,920.80	-250,456.45	-216,315.39
16	9%	-568,468.90	-395,054.76	-308,668.66	-257,092.46	-222,919.78

长期借款双变量模型 / Sheet3

图 3-5 运算结果

B14

	A	B	C	D	E	F	G	H
1	长期借款基本模型							
2	借款金额	1000000						
3	借款年利率	8%						
4	借款期限	4						
5	每年还款期数	1						
6	还款总期数	4						
7	分期等额还款金额	￥-301,920.80						
8								
9								
10	长期借款筹资现值计算							
11	所得税税率	25%						
12	贴现率	5%						
13	期限	等额还款金额	偿还本金	期初尚欠本金	偿还利息	避税额	净现金流量	现值
14	1							
15	2							
16	3							
17	4							
18	合计							

长期借款筹资现值

图 3-6 建立筹资现值计算表格

B14 =-$B$7

	A	B	C	D	E	F	G	H
1	长期借款基本模型							
2	借款金额	1000000						
3	借款年利率	8%						
4	借款期限	4						
5	每年还款期数	1						
6	还款总期数	4						
7	分期等额还款金额	￥-301,920.80						
8								
9								
10	长期借款筹资现值计算							
11	所得税税率	25%						
12	贴现率	5%						
13	期限	等额还款金额	偿还本金	期初尚欠本金	偿还利息	避税额	净现金流量	现值
14	1	301,920.80						
15	2	301,920.80						
16	3	301,920.80						
17	4	301,920.80						
18	合计							

长期借款筹资现值

图 3-7 等额还款金额的计算

按【Enter】键,然后拖动填充柄复制公式至 C17,如图 3-8 所示。

C14 =ABS(PPMT($B$3/$B$5,A14,$B$6,$B$2))

	A	B	C	D	E	F	G	H
1	长期借款基本模型							
2	借款金额	1000000						
3	借款年利率	8%						
4	借款期限	4						
5	每年还款期数	1						
6	还款总期数	4						
7	分期等额还款金额	¥-301,920.80						
8								
9								
10	长期借款筹资现值计算							
11	所得税税率	25%						
12	贴现率	5%						
13	期限	等额还款金额	偿还本金	期初尚欠本金	偿还利息	避税额	净现金流量	现值
14	1	301,920.80	221,920.80					
15	2	301,920.80	239,674.47					
16	3	301,920.80	258,848.43					
17	4	301,920.80	279,556.30					
18	合计							

长期借款筹资现值

图 3-8 每期偿还本金的计算

小提示

关于 ABS 函数:利用 PPMT 函数计算出的值为负数,为便于阅读,运用 ABS 函数取其绝对值,或者在函数前面加个负号使其变为正值。

8. 计算期初尚欠本金

在单元格 D14 中输入公式:=$B$2,按【Enter】键,表示第一期的期初尚欠本金即为借款金额。在单元格 D15 中输入公式:=D14-C14,按【Enter】键,然后拖动填充柄复制公式至单元格 D17,求出其他各期的期初尚欠本金,如图 3-9 和图 3-10 所示。

D14 =$B$2

	A	B	C	D	E	F	G	H
1	长期借款基本模型							
2	借款金额	1000000						
3	借款年利率	8%						
4	借款期限	4						
5	每年还款期数	1						
6	还款总期数	4						
7	分期等额还款金额	¥-301,920.80						
8								
9								
10	长期借款筹资现值计算							
11	所得税税率	25%						
12	贴现率	5%						
13	期限	等额还款金额	偿还本金	期初尚欠本金	偿还利息	避税额	净现金流量	现值
14	1	301,920.80	221,920.80	1,000,000.00				
15	2	301,920.80	239,674.47					
16	3	301,920.80	258,848.43					
17	4	301,920.80	279,556.30					
18	合计							

长期借款筹资现值

图 3-9 第一期期初尚欠本金的计算

9. 计算每期偿还利息

在单元格 E14 中输入公式:=ABS(IPMT($B$3/$B$5,A14,$B$6,$B$2)),按【Enter】键,然后拖动填充柄复制公式至单元格 E17,如图 3-11 所示。

D15　　=D14-C14

	A	B	C	D	E	F	G	H
1	长期借款基本模型							
2	借款金额	1000000						
3	借款年利率	8%						
4	借款期限	4						
5	每年还款期数	1						
6	还款总期数	4						
7	分期等额还款金额	￥-301,920.80						
8								
9								
10	长期借款筹资现值计算							
11	所得税税率	25%						
12	贴现率	5%						
13	期限	等额还款金额	偿还本金	期初尚欠本金	偿还利息	避税额	净现金流量	现值
14	1	301,920.80	221,920.80	1,000,000.00				
15	2	301,920.80	239,674.47	778,079.20				
16	3	301,920.80	258,848.43	538,404.73				
17	4	301,920.80	279,556.30	279,556.30				
18	合计							

长期借款筹资现值

图 3-10　剩余各期期初尚欠本金的计算

E14　　=ABS(IPMT($B$3/$B$5,A14,$B$6,$B$2))

	A	B	C	D	E	F	G	H
1	长期借款基本模型							
2	借款金额	1000000						
3	借款年利率	8%						
4	借款期限	4						
5	每年还款期数	1						
6	还款总期数	4						
7	分期等额还款金额	￥-301,920.80						
8								
9								
10	长期借款筹资现值计算							
11	所得税税率	25%						
12	贴现率	5%						
13	期限	等额还款金额	偿还本金	期初尚欠本金	偿还利息	避税额	净现金流量	现值
14	1	301,920.80	221,920.80	1,000,000.00	80,000.00			
15	2	301,920.80	239,674.47	778,079.20	62,246.34			
16	3	301,920.80	258,848.43	538,404.73	43,072.38			
17	4	301,920.80	279,556.30	279,556.30	22,364.50			
18	合计							

长期借款筹资现值

图 3-11　每期偿还利息的计算

10. 计算避税额

在单元格 F14 中输入公式：=E14＊0.25，按【Enter】键，然后拖动填充柄复制公式至 F17，如图 3-12 所示。

F14　　=E14*0.25

	A	B	C	D	E	F	G	H
1	长期借款基本模型							
2	借款金额	1000000						
3	借款年利率	8%						
4	借款期限	4						
5	每年还款期数	1						
6	还款总期数	4						
7	分期等额还款金额	￥-301,920.80						
8								
9								
10	长期借款筹资现值计算							
11	所得税税率	25%						
12	贴现率	5%						
13	期限	等额还款金额	偿还本金	期初尚欠本金	偿还利息	避税额	净现金流量	现值
14	1	301,920.80	221,920.80	1,000,000.00	80,000.00	20,000.00		
15	2	301,920.80	239,674.47	778,079.20	62,246.34	15,561.58		
16	3	301,920.80	258,848.43	538,404.73	43,072.38	10,768.09		
17	4	301,920.80	279,556.30	279,556.30	22,364.50	5,591.13		
18	合计							

长期借款筹资现值

图 3-12　避税额的计算

11. 计算净现金流量

在单元格 G14 中输入公式：＝B14－F14，按【Enter】键，然后拖动填充柄复制公式至 G17，如图 3-13 所示。

G14 　 f_x =B14-F14

	A	B	C	D	E	F	G	H
1	长期借款基本模型							
2	借款金额	1000000						
3	借款年利率	8%						
4	借款期限	4						
5	每年还款期数	1						
6	还款总期数	4						
7	分期等额还款金额	￥-301,920.80						
8								
9								
10	长期借款筹资现值计算							
11	所得税税率	25%						
12	贴现率	5%						
13	期限	等额还款金额	偿还本金	期初尚欠本金	偿还利息	避税额	净现金流量	现值
14	1	301,920.80	221,920.80	1,000,000.00	80,000.00	20,000.00	281,920.80	
15	2	301,920.80	239,674.47	778,079.20	62,246.34	15,561.58	286,359.22	
16	3	301,920.80	258,848.43	538,404.73	43,072.38	10,768.09	291,152.71	
17	4	301,920.80	279,556.30	279,556.30	22,364.50	5,591.13	296,329.68	
18	合计							

长期借款筹资现值

图 3-13　净现金流量的计算

12. 计算净现金流量的现值

在单元格 H14 中输入公式：＝G14/((1＋5％)^A14)，按【Enter】键，然后拖动填充柄复制公式至单元格 H17，如图 3-14 所示。

H14 　 f_x =G14/((1+5%)^A14)

	A	B	C	D	E	F	G	H
1	长期借款基本模型							
2	借款金额	1000000						
3	借款年利率	8%						
4	借款期限	4						
5	每年还款期数	1						
6	还款总期数	4						
7	分期等额还款金额	￥-301,920.80						
8								
9								
10	长期借款筹资现值计算							
11	所得税税率	25%						
12	贴现率	5%						
13	期限	等额还款金额	偿还本金	期初尚欠本金	偿还利息	避税额	净现金流量	现值
14	1	301,920.80	221,920.80	1,000,000.00	80,000.00	20,000.00	281,920.80	268,496.00
15	2	301,920.80	239,674.47	778,079.20	62,246.34	15,561.58	286,359.22	259,736.25
16	3	301,920.80	258,848.43	538,404.73	43,072.38	10,768.09	291,152.71	251,508.66
17	4	301,920.80	279,556.30	279,556.30	22,364.50	5,591.13	296,329.68	243,791.16
18	合计							

长期借款筹资现值

图 3-14　净现金流量现值的计算

13. 计算各项目合计值

在 B18 单元格中输入公式：＝SUM(B14:B17)，按【Enter】键计算得出租金支付额的合计值，拖动填充柄复制公式至单元格 H18，如图 3-15 所示。

B18　=SUM(B14:B17)

	A	B	C	D	E	F	G	H
2	借款金额	1000000						
3	借款年利率	8%						
4	借款期限	4						
5	每年还款期数	1						
6	还款总期数	4						
7	分期等额还款金额	¥-301,920.80						
8								
9								
10	长期借款筹资现值计算							
11	所得税税率	25%						
12	贴现率	5%						
13	期限	等额还款金额	偿还本金	期初尚欠本金	偿还利息	避税额	净现金流量	现值
14	1	301,920.80	221,920.80	1,000,000.00	80,000.00	20,000.00	281,920.80	268,496.00
15	2	301,920.80	239,674.47	778,079.20	62,246.34	15,561.58	286,359.22	259,736.25
16	3	301,920.80	258,848.43	538,404.73	43,072.38	10,768.09	291,152.71	251,508.66
17	4	301,920.80	279,556.30	279,556.30	22,364.50	5,591.13	296,329.68	243,791.16
18	合计	1,207,683.22	1,000,000.00	2,596,040.22	207,683.22	51,920.80	1,155,762.41	1,023,532.08
19								
20								

长期借款筹资现值

图 3-15　各项目合计值的计算

实验 3.2　融资租赁筹资决策

3.2.1　实验案例

A 公司向某企业租入一套设备，价值 100 万元，使用期限 4 年，无残值，租赁年利率为 6%，每年期初偿还一次，该公司企业所得税税率为 25%，现金利率的贴现率为 5%。要求计算每期支付金额及其现值。

3.2.2　实验目的

在融资租赁筹资方式下，租金的数额和支付方式对承租企业的未来财务状况具有直接影响，通过建立租赁筹资模型，就可以根据支付次数、年利率、租期等计算出每期应该支付租金额，而通过现值计算则可与其他筹资方案进行比较分析，做出合适的筹资决策。

3.2.3　知识预备

本实验需要运用到 PMT 函数来计算每期支付租金。

PMT 函数：基于固定利率及等额分期付款方式，返回贷款的等额分期偿还额，语法格式为：PMT(rate,nper,pv,fv,type)。

- rate：贷款利率。
- nper：贷款项目的付款期总数。
- pv：现值或本金。
- fv：未来值，或在最后一次付款后希望得到的现金余额，若忽略，则其值为 0。
- type：用以指定各期的付款时间是在期初还是在期末，若 0 则为期末，1 为期初，如果省略，则假设值为零。

实验中的计算公式如下：

避税额 ＝ 租金支付额 × 所得税税率；

净现金流量 ＝ 租金支付额 － 避税额；

净现金流量现值 ＝ 净现金流量 /(1 ＋ 贴现率)^{期数}。

3.2.4 操作步骤

本实验的操作步骤如下：

(1) 创建工作簿，输入数据；

(2) 计算还款总期数；

(3) 计算每期支付金额；

(4) 建立筹资现值计算表格；

(5) 计算每期租金支付额；

(6) 计算避税额；

(7) 计算税后现金流量；

(8) 计算现金流量的现值；

(9) 计算各项目的合计数。

具体操作如下：

1. 创建一个工作簿

在工作表中建立租赁筹资分析模型表格，并输入有关数据，如图3-16所示。

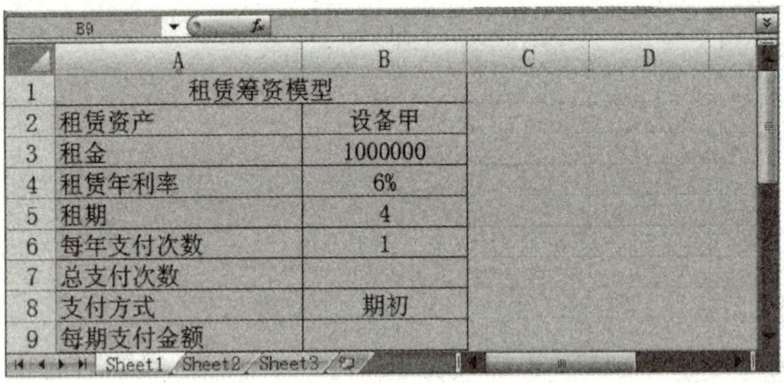

B9

	A	B
1	租赁筹资模型	
2	租赁资产	设备甲
3	租金	1000000
4	租赁年利率	6%
5	租期	4
6	每年支付次数	1
7	总支付次数	
8	支付方式	期初
9	每期支付金额	

Sheet1 Sheet2 Sheet3

图3-16 创建工作簿

2. 计算还款总期数

在B7单元格中输入公式：=B5 * B6，按【Enter】键计算得出总期数，如图3-17所示。

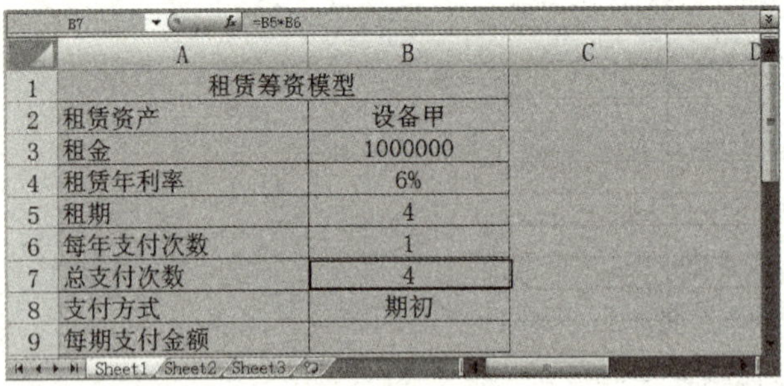

B7 =B5*B6

	A	B
1	租赁筹资模型	
2	租赁资产	设备甲
3	租金	1000000
4	租赁年利率	6%
5	租期	4
6	每年支付次数	1
7	总支付次数	4
8	支付方式	期初
9	每期支付金额	

Sheet1 Sheet2 Sheet3

图3-17 还款总期数的计算

3. 计算每期支付金额

在B9单元格中输入公式：=ABS(PMT($B$4/$B$6,$B$7,$B$3,1))，按

【Enter】键，计算得出每期偿还金额，如图 3-18 所示。

B9　fx　=ABS(PMT($B$4/$B$6,$B$7,$B$3,1))

	A	B	C	D
1	租赁筹资模型			
2	租赁资产	设备甲		
3	租金	1000000		
4	租赁年利率	6%		
5	租期	4		
6	每年支付次数	1		
7	总支付次数	4		
8	支付方式	期初		
9	每期支付金额	288,591.72		

Sheet1 Sheet2 Sheet3

图 3-18　每期支付金额的计算

4. 建立筹资现值计算表格

如图 3-19 所示。

A12　fx　租赁筹资现值计算

	A	B	C	D	E	F
1	租赁筹资模型					
2	租赁资产	设备甲				
3	租金	1000000				
4	租赁年利率	6%				
5	租期	4				
6	每年支付次数	1				
7	总支付次数	4				
8	支付方式	期初				
9	每期支付金额	288,591.72				
10						
11						
12	租赁筹资现值计算					
13	所得税税率	25%				
14	贴现率	5%				
15	年末	租金支付额	避税项	税后现金流量	现值	
16	0					
17	1					
18	2					
19	3					
20	合计					

Sheet1 Sheet2 Sheet3

图 3-19　租赁筹资现值计算表格的建立

5. 计算每期的租金支付额

在 B16 单元格中输入公式：＝＄B＄9，按【Enter】键，然后拖动填充柄复制公式至单元格 B19，如图 3-20 所示。

6. 计算避税额

在 C16 单元格中输入公式：=B16 * 0.25，按【Enter】键，然后拖动填充柄复制公式至单元格 C19，如图 3-21 所示。

B19 f_x =$B$9

	A	B	C	D	E	F
1	租赁筹资模型					
2	租赁资产	设备甲				
3	租金	1000000				
4	租赁年利率	6%				
5	租期	4				
6	每年支付次数	1				
7	总支付次数	4				
8	支付方式	期初				
9	每期支付金额	288,591.72				
10						
11						
12	租赁筹资现值计算					
13	所得税税率	25%				
14	贴现率	5%				
15	年末	租金支付额	避税项	税后现金流量	现值	
16	0	288,591.72				
17	1	288,591.72				
18	2	288,591.72				
19	3	288,591.72				
20	合计					

Sheet1 Sheet2 Sheet3

图 3-20 每期租金支付额的计算

C19 f_x =B19*0.25

	A	B	C	D	E	F
1	租赁筹资模型					
2	租赁资产	设备甲				
3	租金	1000000				
4	租赁年利率	6%				
5	租期	4				
6	每年支付次数	1				
7	总支付次数	4				
8	支付方式	期初				
9	每期支付金额	288,591.72				
10						
11						
12	租赁筹资现值计算					
13	所得税税率	25%				
14	贴现率	5%				
15	年末	租金支付额	避税项	税后现金流量	现值	
16	0	288,591.72	72,147.93			
17	1	288,591.72	72,147.93			
18	2	288,591.72	72,147.93			
19	3	288,591.72	72,147.93			
20	合计					

Sheet1 Sheet2 Sheet3

图 3-21 避税额的计算

7. 计算税后现金流量

在 D16 单元格中输入公式：=B16－C16，按【Enter】键，然后拖动填充柄复制公式至单元格 D19，如图 3-22 所示。

D19　=B19-C19

	A	B	C	D	E
1	租赁筹资模型				
2	租赁资产	设备甲			
3	租金	1000000			
4	租赁年利率	6%			
5	租期	4			
6	每年支付次数	1			
7	总支付次数	4			
8	支付方式	期初			
9	每期支付金额	288,591.72			
10					
11					
12	租赁筹资现值计算				
13	所得税税率	25%			
14	贴现率	5%			
15	年末	租金支付额	避税项	税后现金流量	现值
16	0	288,591.72	72,147.93	216,443.79	
17	1	288,591.72	72,147.93	216,443.79	
18	2	288,591.72	72,147.93	216,443.79	
19	3	288,591.72	72,147.93	216,443.79	
20	合计				

Sheet1　Sheet2　Sheet3

图 3-22　税后现金流量的计算

8. 计算现金流量的现值

在 E16 单元格中输入公式：=D16/((1+5%)^A16)，按【Enter】键，然后拖动填充柄复制公式至单元格 E19，如图 3-23 所示。

E19　=D19/(1+5%)^A19

	A	B	C	D	E
1	租赁筹资模型				
2	租赁资产	设备甲			
3	租金	1000000			
4	租赁年利率	6%			
5	租期	4			
6	每年支付次数	1			
7	总支付次数	4			
8	支付方式	期初			
9	每期支付金额	288,591.72			
10					
11					
12	租赁筹资现值计算				
13	所得税税率	25%			
14	贴现率	5%			
15	年末	租金支付额	避税项	税后现金流量	现值
16	0	288,591.72	72,147.93	216,443.79	216,443.79
17	1	288,591.72	72,147.93	216,443.79	206,136.94
18	2	288,591.72	72,147.93	216,443.79	196,320.90
19	3	288,591.72	72,147.93	216,443.79	186,972.28
20	合计				

Sheet1　Sheet2　Sheet3

图 3-23　现金流量现值的计算

9. 计算各项目的合计数

在B20单元格中输入公式：=SUM(B16:B19)，按【Enter】键计算得出租金支付额的合计值，拖动填充柄复制公式至单元格E20，如图3-24所示。

E20 =SUM(E16:E19)

	A	B	C	D	E
1	租赁筹资模型				
2	租赁资产	设备甲			
3	租金	1000000			
4	租赁年利率	6%			
5	租期	4			
6	每年支付次数	1			
7	总支付次数	4			
8	支付方式	期初			
9	每期支付金额	288,591.72			
10					
11					
12	租赁筹资现值计算				
13	所得税税率	25%			
14	贴现率	5%			
15	年末	租金支付额	避税项	税后现金流量	现值
16	0	288,591.72	72,147.93	216,443.79	216,443.79
17	1	288,591.72	72,147.93	216,443.79	206,136.94
18	2	288,591.72	72,147.93	216,443.79	196,320.90
19	3	288,591.72	72,147.93	216,443.79	186,972.28
20	合计	1,154,366.88	288,591.72	865,775.16	805,873.92

Sheet1 Sheet2 Sheet3

图3-24 计算各项目的合计数

实验3.3 债券筹资决策

3.3.1 实验案例

甲公司发行面值为5 000元，票面年利率为8%，期限为10年，每年年末付息的债券。公司最初决定发行债券时，认为8%的市场利率是合理的。试问当债券期限和市场利率均做调整后，债券的发行价格将做如何变化？

3.3.2 实验目的

发行债券就需要确定债券的发行价格，由于发行者的种种考虑或资金市场的供求关系、利息率的变化，债券的市场价格往往不等于它的面值，本实验通过计算平息债券的发行价格，确认债券是溢价、平价或折价发行，同时分析影响其发行价格的影响因素。

3.3.3 知识预备

实验中将需要用到PV函数。

PV函数：返回投资的现值。现值为一系列未来付款的当前值的累积和。语法格式：

PV(rate,nper,pmt,fv,type)。

- rate：各期利率。
- nper：总投资期，即该项投资的付款期总数。
- pmt：各期所应支付的金额，其数值在整个年金期间保持不变。通常，pmt 包括本金和利息，但不包括其他费用或税款。如果忽略 pmt，则必须包括 fv 参数。
- fv ：未来值，或在最后一次支付后希望得到的现金余额，如果省略 fv，则假设其值为零如果忽略 fv，则必须包括 pmt 参数。
- type ：数字 0 或 1，用以指定各期的付款时间是在期初(1)还是期末(0 或省略)。

3.3.4 操作步骤

本实验的操作步骤如下：

(1) 创建工作簿，建立工作表；

(2) 计算发行价格；

(3) 进行双变量模拟运算；

(4) 绘制关系图；

(5) 调整关系图。

具体操作如下：

1. 创建工作簿

在工作表中建立平息债券估值分析模型表格，并输入有关数据，如图 3-25 所示。

A1 fx 平息债券估值分析

	A	B	C	D	E	F	G
1	平息债券估值分析						
2	发行面值（元）	5000					
3	期限（年）	10					
4	票面年利率	8%					
5	市场利率	8%					
6	发行价格（元）						
7							
8	期限和市场利率调整后的发行价格						
9	市场利率		期 限				
10	0.00	10	9	8	7	6	5
11	6%						
12	7%						
13	8%						
14	9%						
15	10%						
16							

平息债券估值分析模型 Sheet2 Sheet3

图 3-25 创建工作簿

2. 计算发行价格

在 B6 单元格中输入公式：=ABS(PV(B5,B3,B2 * B4,B2))，按【Enter】键计算得出发行价格，如图 3-26 所示。

3. 双变量模拟运算

在 A10 单元格中输入公式：=B6，选中 A10:F13 单元格区域，单击主菜单栏中的“数据”，然后单击“模拟分析”，选中下拉菜单中的“模拟运算表”，打开“模拟运算表”对话框，

B6 =ABS(PV(B5,B3,B2*B4,B2))

	A	B	C	D	E	F	G
1	平息债券估值分析						
2	发行面值(元)	5000					
3	期限(年)	10					
4	票面年利率	8%					
5	市场利率	8%					
6	发行价格(元)	5000.00					
7							
8	期限和市场利率调整后的发行价格						
9	市场利率		期 限				
10	5000.00	10	9	8	7	6	5
11	6%						
12	7%						
13	8%						
14	9%						
15	10%						

平息债券估值分析模型 / Sheet2 / Sheet3

图 3-26 发行价格的计算

在“输入引用行的单元格”文本框中输入“$B$3”,在“输入引用列的单元格”文本框中输入“$B$5”,单击“确定”,则在单元格区域就计算出不同利率和期限下的债券发行价格,如图 3-27 所示。

A10 =B6

	A	B	C	D	E	F	G
1	平息债券估值分析						
2	发行面值(元)	5000					
3	期限(年)	10					
4	票面年利率	8%					
5	市场利率	8%					
6	发行价格(元)	5000.00					
7							
8	期限和市场利率调整后的发行价格						
9	市场利率		期 限				
10	5000.00	10	9	8	7	6	5
11	6%	5736.01	5680.17	5620.98	5558.24	5491.73	5421.24
12	7%	5351.18	5325.76	5298.56	5269.46	5238.33	5205.01
13	8%	5000.00	5000.00	5000.00	5000.00	5000.00	5000.00
14	9%	4679.12	4700.24	4723.26	4748.35	4775.70	4805.52
15	10%	4385.54	4424.10	4466.51	4513.16	4564.47	4620.92

平息债券估值分析模型 / Sheet2 / Sheet3

图 3-27 双变量模拟运算

4. 绘制关系图

选中单元格 B10:F13 区域,单击主菜单栏中的“插入”选项卡,选择图表中的散点图,得到散点图,如图 3-28 所示。

5. 调整关系图

命名图表和系列名称,就得到了反映发行价格和市场利率及期限之间的关系图,如图 3-29 所示。

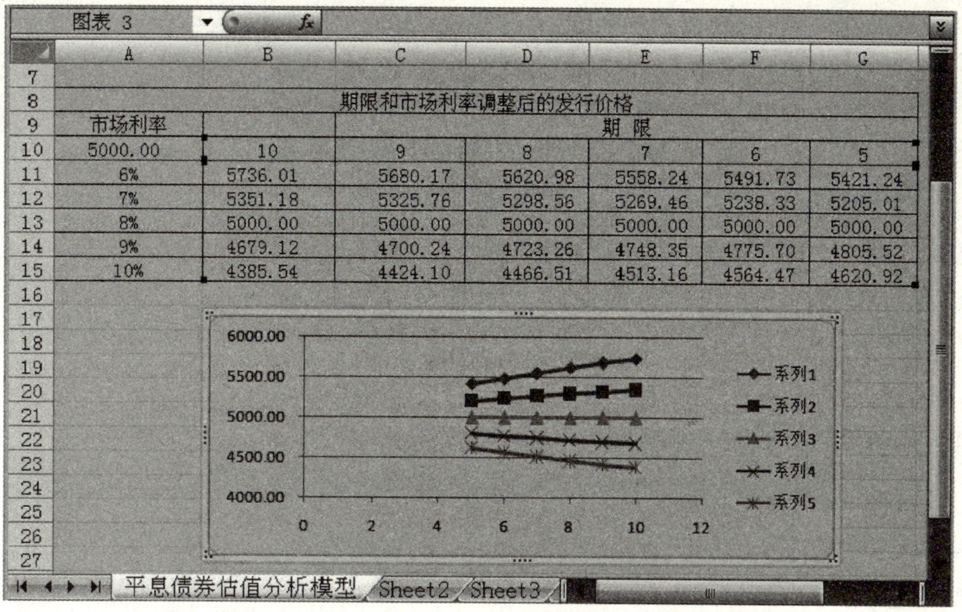

期限和市场利率调整后的发行价格						
市场利率		期 限				
5000.00	10	9	8	7	6	5
6%	5736.01	5680.17	5620.98	5558.24	5491.73	5421.24
7%	5351.18	5325.76	5298.56	5269.46	5238.33	5205.01
8%	5000.00	5000.00	5000.00	5000.00	5000.00	5000.00
9%	4679.12	4700.24	4723.26	4748.35	4775.70	4805.52
10%	4385.54	4424.10	4466.51	4513.16	4564.47	4620.92

图 3-28　关系图的绘制

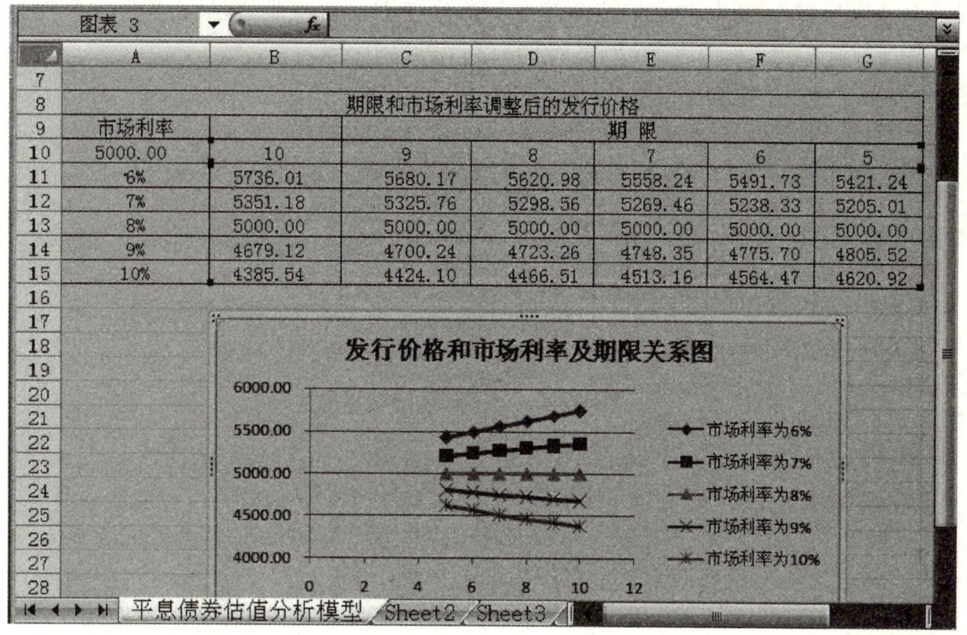

期限和市场利率调整后的发行价格						
市场利率		期 限				
5000.00	10	9	8	7	6	5
6%	5736.01	5680.17	5620.98	5558.24	5491.73	5421.24
7%	5351.18	5325.76	5298.56	5269.46	5238.33	5205.01
8%	5000.00	5000.00	5000.00	5000.00	5000.00	5000.00
9%	4679.12	4700.24	4723.26	4748.35	4775.70	4805.52
10%	4385.54	4424.10	4466.51	4513.16	4564.47	4620.92

图 3-29　关系图的调整

实验 3.4 股票筹资决策

3.4.1 实验案例

【案例 3-1】 甲股份有限公司截至 2011 年 5 月总股本为 65 000 万股,现因生产扩大、项目开发等需求拟于当年 8 月增发新股 20 000 万股。股票的发行市盈率经过估算确定为 20 倍,当年可实现利润估计为 25 000 万元,波动区间为[-10%,20%],要求计算该公司股票的发行价格。

【案例 3-2】 假设甲股份有限公司股票当前支付的股息为每股 0.5 元,预计该股票未来 5 年内的股息增长率分别为 10%,9%,8%,7%,6%,然后会按 5%的固定增长率一直增长到永远。权益资本成本为 10%,计算该股票的价格。

3.4.2 实验目的

企业利用发行股票筹资时就需要对股票的发行价格进行估算,一般可运用市盈率定价法和股息贴现定价法这两种不同的股票估值方法来分别确定不同情况下的股票发行价格,从而合理地筹集所需金额。另外通过计算股票的价格(即股票的内在价值),将股票的价格与当前市场价格比较,可帮助投资者做出投资决策。

3.4.3 知识预备

市盈率定价法是根据股票每股收益与发行市盈率的乘积来确定股票价格,即发行价=每股收益×发行市盈率,其中发行市盈率一般根据该股票成长性及其所在的行业状况等相关因素来测算。

每股收益 = 发行当年预计净利润 /[发行前总股本 + 拟增发股本 × (12 − 发行时的月份)/12]。

股息贴现定价法的根据是,如果投资者永远持有这个股票,那么投资者逐年从公司获得的股利的贴现值就是这个股票的价值。

3.4.4 操作步骤

【案例 3-1】 的操作步骤如下:

(1) 创建工作簿,建立工作表;

(2) 设置净利润变动区间;

(3) 调整滚动条;

(4) 计算每股收益;

(5) 计算发行价;

(6) 改变预计净利润。

具体操作如下:

1. 创建一个工作簿

在工作表中建立股票市盈率定价法计算表格,并输入有关数据,如图 3-30 所示。

2. 设置净利润变动区间

根据利润的波动区间可以计算得到利润的最大值和最小值分别为 30 000 和 22 500，添加一滚动条，在其上单击右键，在弹出的快捷菜单中选择“设置控件格式”，在“控制”选项中将“最小值”设定为 22 500，“最大值”设为 30 000，“步长”设为 1，“单元格链接”设为 $B$6，如图 3-31 所示。

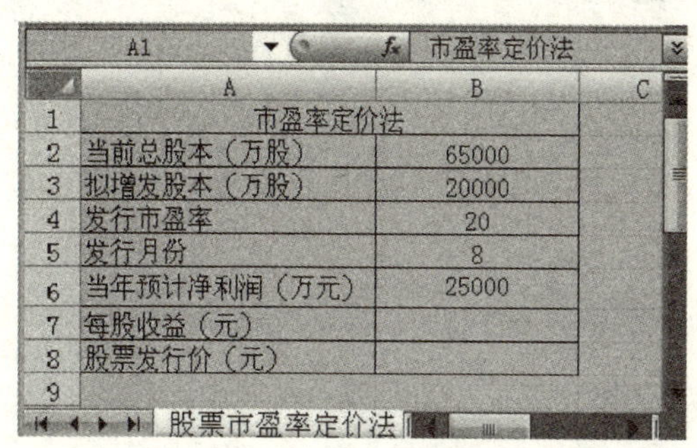

图 3-30　创建工作簿

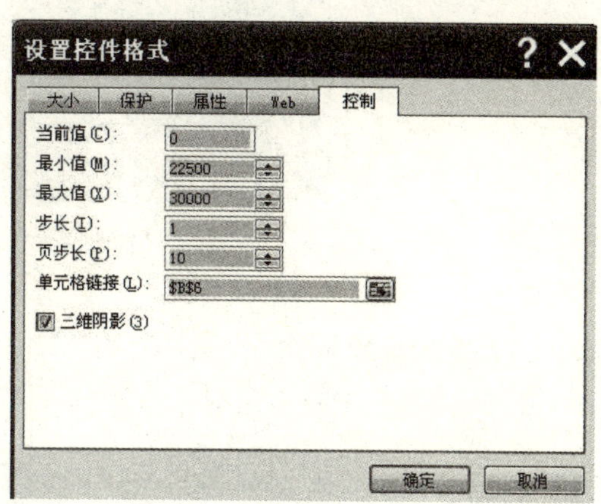

图 3-31　净利润变动区间的设置

小提示

滚动条的添加：在窗口左上方的“自定义快速访问工具栏”选项中选择“其他命令”，在“Excel 选项”中选择“自定义”，在右侧的“从下列位置选择命令”中选择“不在功能区中的命令”，在下拉列表中选择“滚动条(窗体控件)”，单击“添加”按钮后即可在“自定义快速访问工具栏”选项的左侧见到滚动条控件。

3. 调整滚动条

单击“确定”后，适当地调整滚动条大小，如图 3-32 所示。

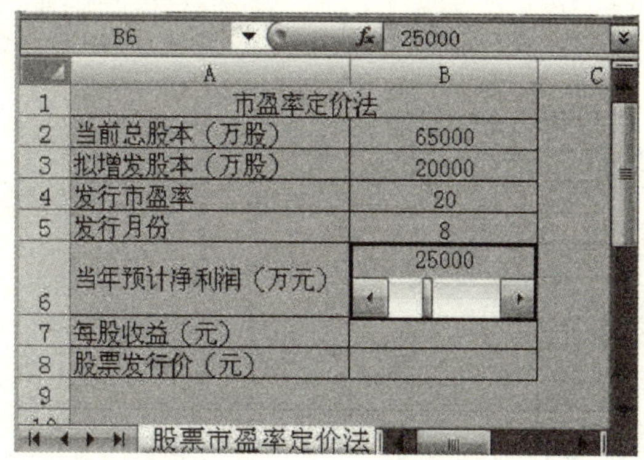

图 3-32　滚动条大小的调整

4. 计算每股收益

在单元格 B7 中输入公式：=B6/(B2+B3*(12-B5)/12)，按【Enter】键后则得到结

果，如图3-33所示。

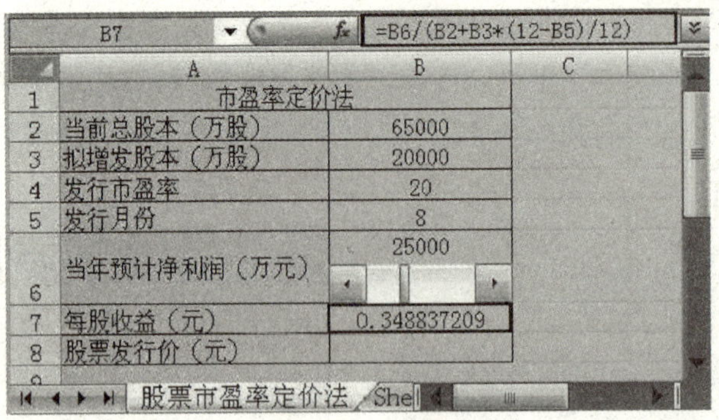

B7 =B6/(B2+B3*(12-B5)/12)

	A	B	C
1	市盈率定价法		
2	当前总股本（万股）	65000	
3	拟增发股本（万股）	20000	
4	发行市盈率	20	
5	发行月份	8	
6	当年预计净利润（万元）	25000	
7	每股收益（元）	0.348837209	
8	股票发行价（元）		

股票市盈率定价法 She

图 3-33　每股收益的计算

5. 计算股票发行价

在B8单元格中输入公式：=B7 * B4，按【Enter】键则得到计算结果，如图3-34所示。

B8 =B7*B4

	A	B	C
1	市盈率定价法		
2	当前总股本（万股）	65000	
3	拟增发股本（万股）	20000	
4	发行市盈率	20	
5	发行月份	8	
6	当年预计净利润（万元）	25000	
7	每股收益（元）	0.348837209	
8	股票发行价（元）	6.976744186	

股票市盈率定价法 She

图 3-34　股票发行价格的计算

6. 改变预计净利润

拖动滚动条改变预计净利润，则可以得到相应的每股收益和股票发行价，如图3-35所示。

B6 25400

	A	B	C
1	市盈率定价法		
2	当前总股本（万股）	65000	
3	拟增发股本（万股）	20000	
4	发行市盈率	20	
5	发行月份	8	
6	当年预计净利润（万元）	25400	
7	每股收益（元）	0.354418605	
8	股票发行价（元）	7.088372093	

股票市盈率定价法 She

图 3-35　每股收益和发行价的变动

【案例 3-2】 的操作步骤如下：

(1) 创建工作簿，建立工作表；

(2) 计算股息；

(3) 计算现金流；

(4) 计算现值；

(5) 计算股价。

具体操作如下：

1. 创建一个工作簿

在工作表中建立股息贴现定价法计算表格，输入相关数据，如图 3-36 所示。

A1　fx　股息贴现定价法

	A	B	C	D	E	F	G	H
1	股息贴现定价法							
2	权益资本成本	10%						
3	年份（年）	0	1	2	3	4	5	6
4	股息增长率		10%	9%	8%	7%	6%	5%
5	股息（元）	0.5						
6	现金流（元）							
7	现值（元）							
8	股票价格(元)							

股息贴现定价法 / Sheet2 / Sheet3

图 3-36　创建工作簿

2. 计算第一年股息

在单元格 C5 中输入公式：=B5＊(1+C4)，得到计算结果，如图 3-37 所示。

C5　fx　=B5*(1+C4)

	A	B	C	D	E	F	G	H
1	股息贴现定价法							
2	权益资本成本	10%						
3	年份（年）	0	1	2	3	4	5	6
4	股息增长率		10%	9%	8%	7%	6%	5%
5	股息（元）	0.5	0.55					
6	现金流（元）							
7	现值（元）							
8	股票价格(元)							

股息贴现定价法 / Sheet2 / Sheet3

图 3-37　第一年股息的计算

3. 计算全部年份股息

拖动填充柄复制公式至单元格 H5，如图 3-38 所示。

4. 计算现金流

在单元格 C6 中输入公式：=C6，并拖动填充柄复制公式至单元格 F6，如图 3-39 所示。

5. 计算第五年的现金流

在单元格 G6 中输入公式：=G5+H5/(B2−H4)，得到计算结果，如图 3-40 所示。

C5 =B5*(1+C4)

	A	B	C	D	E	F	G	H
1	股息贴现定价法							
2	权益资本成本	10%						
3	年份(年)	0	1	2	3	4	5	6
4	股息增长率		10%	9%	8%	7%	6%	5%
5	股息(元)	0.5	0.55	0.60	0.65	0.69	0.73	0.77
6	现金流(元)							
7	现值(元)							
8	股票价格(元)							

股息贴现定价法 / Sheet2 / Sheet3

图 3-38 剩余年份股息的计算

C6 =C5

	A	B	C	D	E	F	G	H
1	股息贴现定价法							
2	权益资本成本	10%						
3	年份(年)	0	1	2	3	4	5	6
4	股息增长率		10%	9%	8%	7%	6%	5%
5	股息(元)	0.5	0.55	0.60	0.65	0.69	0.73	0.77
6	现金流(元)		0.55	0.60	0.65	0.69		
7	现值(元)							
8	股票价格(元)							

股息贴现定价法 / Sheet2 / Sheet3

图 3-39 现金流的计算

G6 =G5+H5/(B2-H4)

	A	B	C	D	E	F	G	H
1	股息贴现定价法							
2	权益资本成本	10%						
3	年份(年)	0	1	2	3	4	5	6
4	股息增长率		10%	9%	8%	7%	6%	5%
5	股息(元)	0.5	0.55	0.60	0.65	0.69	0.73	0.77
6	现金流(元)		0.55	0.60	0.65	0.69	16.16	
7	现值(元)							
8	股票价格(元)							

股息贴现定价法 / Sheet2 / Sheet3

图 3-40 第五年现金流的计算

6. 计算现值

在单元格 C7 中输入公式：=C6/((1+＄B＄2)^C3)，并拖动填充柄复制公式至单元格 G7，得到计算结果，如图 3-41 所示。

7. 计算股票价格

在单元格 B8 中输入公式：=SUM(C7:G7)，得到计算结果，如图 3-42 所示。

若该股票目前市场价格小于 11.99 元，值得购买。但股票的价格在很大程度上受市场经济环境和利息率等因素的影响，投资者还必须对此作风险分析。

C7　=C6/((1+$B$2)^C3)

	A	B	C	D	E	F	G	H
1				股息贴现定价				
2	权益资本成本	10%						
3	年份（年）	0	1	2	3	4	5	6
4	股息增长率		10%	9%	8%	7%	6%	5%
5	股息（元）	0.5	0.55	0.60	0.65	0.69	0.73	0.77
6	现金流（元）		0.55	0.60	0.65	0.69	16.16	
7	现值（元）		0.50	0.50	0.49	0.47	10.03	
8	股票价格(元)							

Sheet1　Sheet2　Sheet3　Sheet4

图 3-41　现值的计算

B8　=SUM(C7:G7)

	A	B	C	D	E	F	G	H
1				股息贴现定价法				
2	权益资本成本	10%						
3	年份（年）	0	1	2	3	4	5	6
4	股息增长率		10%	9%	8%	7%	6%	5%
5	股息（元）	0.5	0.55	0.60	0.65	0.69	0.73	0.77
6	现金流（元）		0.55	0.60	0.65	0.69	16.16	
7	现值（元）		0.50	0.50	0.49	0.47	10.03	
8	股票价格(元)	11.99						

股息贴现定价法　Sheet2　Sheet3

图 3-42　股票价格的计算

【应用与练习】

1. 假设某公司需要购置一固定资产，需要资金 200 万元，决定向银行贷款筹得，年利率 8%，借款期限为 5 年，每年年末等额偿还本息，试用 Excel 模拟运算表来进行运算当利率分别为 8%、9%、10%，借款期限为 5 年、6 年、7 年时，计算其每期还款额，并通过计算对公司在企业所得税税率为 25%，现金利率的贴现率为 5%条件下，年利率为 8%，借款期限为 5 年时的等额还款筹资决策进行分析。

2. 因项目扩张融资需要，某国有企业根据实际情况分析后，欲发行面值为 2 000 元、期限为 6 年、票面利率为 8%的平息债券，要求计算：

（1）当发行时市场利率为 10%，则债券的发行价格应定位多少？

（2）若公司以 1 910 元的发行价格发行，则市场利率应为多少？

3. 某汽车配件厂商因业务量增加，故向一融资租赁公司租入一套设备，该设备价款为 300 万元，租期为 5 年，无残值，双方商定年利率为 8%，每年期初偿还一次，该公司企业所得税税率为 25%，现金利率的贴现率为 6%。要求计算每期支付金额及其现值。

4. 因筹集资金所需，某股份有限公司拟于当年 6 月增发新股 1 500 万股，初始总股本为 3 000 万股，经部门预测，年度可实现利润约为 2 000 万元，经过与同行业内其他公司比较，估算市盈率为 25 倍，要求计算该公司股票的发行价格。

第4章 项目投资决策

项目投资，是指以特定建设项目为投资对象的一种长期投资行为。与其他形式的投资相比，项目投资具有投资内容独特（每个项目都至少涉及一项形成固定资产的投资）、投资数额大、影响时间长（至少1年或一个营业周期以上）、发生频率低、变现能力差和投资风险高的特点。投资决策是指特定投资主体根据其经营战略和方针，由相关管理人员做出的有关投资目标、拟投资方向或投资领域的确定和投资实施方案的选择的过程。

实验4.1 投资决策评价方法

4.1.1 实验案例

某企业现有三个投资方案，甲方案：期初投资15万元，估计之后5年获得的收益分别为：4.5万元、6.0万元、4.8万元、4.2万元、4.0万元。乙方案：期初投资20万元，估计之后5年获得的收益分别为：5.0万元、5.4万元、5.3万元、5.8万元、5.6万元。丙方案：期初投资25万，估计之后5年获得的收益分别为：6.0万元、5.8万元、6.3万元、6.8万元、7.9万元。资金成本为10%，要求比较三个投资方案，选择其中的最佳投资方案。

4.1.2 实验目的

一般而言，项目投资决策主要考虑需求因素、时期和时间价值因素、成本因素。项目投资决策评价方法主要有回收期法、净现值法、现值指数及内含报酬率法等。本实验采用以上方法评价投资方案是否可行或判断孰优孰劣。

4.1.3 知识预备

1. NPV函数

NPV函数：基于贴现率和一系列未来支出和收入，返回一项投资的净现值。

语法格式：NPV(rate,value1,value2,…)。

- rate：表示某一期间的贴现率。

- value：表示收支的参数。

NPV 函数是从第一期开始计算系列收支的现值，如果第一笔现金流发生在第一个周期的期初，则第一笔现金必须添加到 NPV 函数的结果中，而不应包含在 value 参数中。

2. IRR 函数

IRR 函数：用于返回由数值代表的一组现金流的内含报酬率。

语法格式：IRR(values,guess)。

- values：为数组或单元格的引用，包含用来计算返回的内部收益率的数字，values 必须包含至少一个正值和一个负值，以计算返回的内含报酬率。
- guess：表示内含报酬率的估计值，即预测的利润回报。

大多数情况下，并不需要为 IRR 函数的计算提供 guess 值，如果省略 guess，则假设它为 10%。

3. IF 函数

IF 函数：如果指定条件的计算结果为 TRUE，IF 函数将返回某个值；如果该条件的计算结果为 FALSE，则返回另一个值。

语法格式：IF(logical_test,[value_if_true],[value_if_false])。

- logical_test：计算结果可能为 TRUE 或 FALSE 的任意值或表达式。
- value_if_true：logical_test 参数的计算结果为 TRUE 时所要返回的值。
- value_if_false：logical_test 参数的计算结果为 FALSE 时所要返回的值。

4.1.4　操作步骤

本实验的操作步骤如下：

(1) 建立工作簿，输入数据；

(2) 计算净现值；

(3) 计算内含报酬率；

(4) 计算现值指数；

(5) 计算回收期；

(6) 选择最佳投资方案。

具体操作如下：

1. 创建一个工作簿

首先创建一个工作簿，将该工作簿命名为“贴现评价法”，建立贴现评价分析表格，输入数据，如图 4-1 所示。

2. 计算净现值

在单元格 B9 中输入公式：=NPV($E$3,B4:B8)+B3，拖动填充柄复制公式至单元格 D9，得到净现值计算结果，如图 4-2 所示。

小提示

净现值计算：此题中第一笔现金流发生周期的期初，故第一笔现金即期初投资额应该添加到 NPV 函数的结果中。

A1 投资决策评价方法

	A	B	C	D	E
1	投资决策评价方法				
2	期间	甲方案现金流量	乙方案现金流量	丙方案现金流量	资金成本
3	0	-150000	-200000	-250000	10%
4	1	45000	50000	60000	
5	2	60000	54000	58000	
6	3	48000	53000	63000	
7	4	42000	58000	68000	
8	5	40000	56000	79000	
9	净现值				
10	内含报酬率				
11	现值指数				
12	回收期				

投资决策评价方法 / Sheet2 / Sh

图 4-1 创建工作簿

B9 =NPV($E$3,B4:B8)+B3

	A	B	C	D	E
1	投资决策评价方法				
2	期间	甲方案现金流量	乙方案现金流量	丙方案现金流量	资金成本
3	0	-150000	-200000	-250000	10%
4	1	45000	50000	60000	
5	2	60000	54000	58000	
6	3	48000	53000	63000	
7	4	42000	58000	68000	
8	5	40000	56000	79000	
9	净现值	30082.40	4288.70	-4690.13	
10	内含报酬率				
11	现值指数				
12	回收期				

投资决策评价方法 / Sheet2 / Sh

图 4-2 计算净现值

3. 计算内含报酬率

在单元格 B10 中输入公式：=IRR(B3:B8)，拖动填充柄复制公式至单元格 D10，计算得出内含报酬率，如图 4-3 所示。

B10 =IRR(B3:B8)

	A	B	C	D	E
1	投资决策评价方法				
2	期间	甲方案现金流量	乙方案现金流量	丙方案现金流量	资金成本
3	0	-150000	-200000	-250000	10%
4	1	45000	50000	60000	
5	2	60000	54000	58000	
6	3	48000	53000	63000	
7	4	42000	58000	68000	
8	5	40000	56000	79000	
9	净现值	30082.40	4288.70	-4690.13	
10	内含报酬率	17.87%	10.82%	9.30%	
11	现值指数				
12	回收期				

投资决策评价方法 / Sheet2 / Sh

图 4-3 计算内含报酬率

4. 计算现值指数

在单元格 B11 中输入公式：=NPV($E$3,B4:B8)/(-B3)，拖动填充柄复制公式至单元格 D11，计算得到现值指数，如图 4-4 所示。

B11　=NPV($E$3,B4:B8)/(-B3)

	A	B	C	D	E
1	投资决策评价方法				
2	期间	甲方案现金流量	乙方案现金流量	丙方案现金流量	资金成本
3	0	-150000	-200000	-250000	10%
4	1	45000	50000	60000	
5	2	60000	54000	58000	
6	3	48000	53000	63000	
7	4	42000	58000	68000	
8	5	40000	56000	79000	
9	净现值	30082.40	4288.70	-4690.13	
10	内含报酬率	17.87%	10.82%	9.30%	
11	现值指数	1.20	1.02	0.98	
12	回收期				

投资决策评价方法 / Sheet2 / Sh

图 4-4　计算现值指数

小提示

现值指数：只有现值指数指标在大于或等于 1 的投资方案才有财务可行性，且指数越大，投资方案越好。

5. 计算回收期

在单元格 B12 中输入公式：=IF(B3+B4>0,-B3/B4,IF(B3+B4+B5>0,1+(-B3-B4)/B5,IF(B3+B4+B5+B6>0,2+(-B3-B4-B5)/B6,IF(B3+B4+B5+B6+B7>0,3+(-B3-B4-B5-B6)/B7,4+(-B3-B4-B5-B6-B7)/B8))))，拖动填充柄复制公式至单元格 D12，则计算得到回收期，如图 4-5 所示。

B12　=IF(B3+B4>0,-B3/B4,IF(B3+B4+B5>0,

	A	B	C	D	E
1	投资决策评价方法				
2	期间	甲方案现金流量	乙方案现金流量	丙方案现金流量	资金成本
3	0	-150000	-200000	-250000	10%
4	1	45000	50000	60000	
5	2	60000	54000	58000	
6	3	48000	53000	63000	
7	4	42000	58000	68000	
8	5	40000	56000	79000	
9	净现值	30082.40	4288.70	-4690.13	
10	内含报酬率	17.87%	10.82%	9.30%	
11	现值指数	1.20	1.02	0.98	
12	回收期	2.94	3.74	4.01	

投资决策评价方法 / Sheet2 / Sh

图 4-5　计算回收期

小提示

IF函数：这里用了IF函数的4层嵌套，即当第一年的收益大于期初投资时，则回收期等于期初投资除以第一年的收益，当第一年和第二年的收益大于期初投资时，则回收期等于1加期初投资减去第一年收益的差再除以第二年的收益，依此类推。

6. 选择最佳投资方案

根据净现值法、内含报酬率法、现值指数法和回收期法，甲方案各项指标都优于乙方案和丙方案。应选择甲方案。

实验4.2 固定资产折旧计算

4.2.1 实验案例

某企业3年前购买了一套设备A，目前正在考虑是否购买新设备B来替代。两设备的具体资料如表4-1所示。现要求分别使用双倍余额递减法和年数总和法来计算设备A和设备B的年折旧额。

表4-1 设备A和设备B资料

	设备A	设备B
资产原值	60 000	80 000
使用年限	8	5
已使用年限	3	0
资产残值	10 000	10 000

4.2.2 实验目的

在对固定资产投资决策分析中，必须考虑的一个重要因素是折旧。不同的折旧方法产生不同的折旧值，以致影响企业的最终利润。本实验通过运用不同的折旧方法来计算设备的折旧值。

4.2.3 知识预备

固定资产折旧方法包括直线折旧法、双倍余额递减法、年数总和法等。

1. 直线折旧法

直线折旧法的函数语法格式为：SLN(cost,salvage,life)。

- cost：固定资产的原始价值。
- salvage：资产在折旧期末的价值。
- life：折旧周期。

2. 双倍余额递减法

双倍余额递减法函数语法格式：DDB(cost,salvage,life,period,factor)。

- cost：资产原值。
- salvage：资产折旧期末的价值。
- life：折旧周期。
- period：所计算折旧值的期间。
- factor：余额递减速率，若忽略，则假设为 2。

在采用双倍余额递减法计提折旧时，在折旧期的最后两年改为直线折旧法，即将固定资产净值扣除净残值后平均摊销。

3. 年数总和法

年数总和法的函数语法格式为：SYD(cost,salvage,life,period)，各参数含义同双倍余额递减法。

4.2.4　操作步骤

本实验操作步骤如下：

(1) 创建工作簿，建立折旧值计算表格，输入数据；

(2)计算折旧值；

(3)计算合计值；

(4)计算变现价值。

具体操作如下：

1. 创建一个工作簿

首先创建一个工作簿，将该工作簿命名为“固定资产投资决策模型”，将“Sheet1”工作表命名为“折旧值计算”，并在该工作表中建立折旧值计算表格，输入数据，如图 4-6 所示。

A1　设备折旧值计算

	A	B	C	D	E	F	G	H	I	J
1	设备折旧值计算									
2		原值	残值	年限		A变现价值				
3	A	60000.00	10000.00	8						
4	B	80000.00	20000.00	5						
5										
6	年限	1	2	3	4	5	6	7	8	合计
7	A折旧值									
8	B折旧值									

折旧值计算　sheet2　sheet3

图 4-6　创建工作簿

2. 计算折旧值

在单元格 B7 中输入公式：＝DDB($B$3,$C$3,$D$3,B6)，拖动填充柄复制公式至 G7，如图 4-7 所示。

在单元格 H7 中输入公式：＝($B$3－$C$3－SUM($B$7:$G$7))/2，并拖动填充柄至 I7，如图 4-8 所示。

在单元格 B8 中输入公式：＝SYD($B$4,$C$4,$D$4,B6)，拖动填充柄复制公式至 F8，得到 B 的折旧值，如图 4-9 所示。

B7　=DDB($B$3,$C$3,$D$3,B6)

	A	B	C	D	E	F	G	H	I	J
1	设备折旧值计算									
2		原值	残值	年限		A变现价值				
3	A	60000.00	10000.00	8						
4	B	80000.00	20000.00	5						
5										
6	年限	1	2	3	4	5	6	7	8	合计
7	A折旧值	15000.00	11250.00	8437.50	6328.13	4746.09	3559.57			
8	B折旧值									

折旧值计算 / sheet2 / sheet3

图 4-7　折旧值的计算 1

H7　=($B$3-$C$3-SUM($B$7:$G$7))/2

	A	B	C	D	E	F	G	H	I	J
1	设备折旧值计算									
2		原值	残值	年限		A变现价值				
3	A	60000.00	10000.00	8						
4	B	80000.00	20000.00	5						
5										
6	年限	1	2	3	4	5	6	7	8	合计
7	A折旧值	15000.00	11250.00	8437.50	6328.13	4746.09	3559.57	339.36	339.36	
8	B折旧值									

折旧值计算 / sheet2 / sheet3

图 4-8　折旧值的计算 2

B8　=SYD($B$4,$C$4,$D$4,B6)

	A	B	C	D	E	F	G	H	I	J
1	设备折旧值计算									
2		原值	残值	年限		A变现价值				
3	A	60000.00	10000.00	8						
4	B	80000.00	20000.00	5						
5										
6	年限	1	2	3	4	5	6	7	8	合计
7	A折旧值	15000.00	11250.00	8437.50	6328.13	4746.09	3559.57	339.36	339.36	
8	B折旧值	20000.00	16000.00	12000.00	8000.00	4000.00				

折旧值计算 / sheet2 / sheet3

图 4-9　折旧值的计算 3

3. 计算合计折旧值

在单元格 J7 中输入公式：=SUM(B7:I7)，得到 A 的合计折旧值，在单元格 J8 中输入公式：=SUM(B8:F8)，得出 B 的合计值，如图 4-10 所示。

4. 计算设备 A 变现价值

在单元格 F3 中输入公式：=B3－B7－C7－D7，计算得出设备 A 使用 3 年后的变现价值，如图 4-11 所示。

J8　=SUM(B8:F8)

	A	B	C	D	E	F	G	H	I	J
1	设备折旧值计算									
2		原值	残值	年限		A变现价值				
3	A	60000.00	10000.00	8						
4	B	80000.00	20000.00	5						
5										
6	年限	1	2	3	4	5	6	7	8	合计
7	A折旧值	15000.00	11250.00	8437.50	6328.13	4746.09	3559.57	339.36	339.36	50000.00
8	B折旧值	20000.00	16000.00	12000.00	8000.00	4000.00				60000.00

折旧值计算 / sheet2 / sheet3

图 4-10　合计折旧值的计算

F3　=B3-B7-C7-D7

	A	B	C	D	E	F	G	H	I	J
1	设备折旧值计算									
2		原值	残值	年限		A变现价值				
3	A	60000.00	10000.00	8		25312.50				
4	B	80000.00	20000.00	5						
5										
6	年限	1	2	3	4	5	6	7	8	合计
7	A折旧值	15000.00	11250.00	8437.50	6328.13	4746.09	3559.57	339.36	339.36	50000.00
8	B折旧值	20000.00	16000.00	12000.00	8000.00	4000.00				60000.00

折旧值计算 / sheet2 / sheet3

图 4-11　设备 A 变现价值的计算

实验 4.3　固定资产更新决策

4.3.1　实验案例

在实验 4.2 案例中，已知设备 A 年收入为 80 000 元，付现成本为 50 000 元，设备 B 的年收入为 120 000 元，付现成本为 60 000 元，要求分析该企业是否有必要更新设备。所得税税率为 25%。

4.3.2　实验目的

固定资产投资决策就是对固定资产的更新管理，折旧政策的选择影响着企业的财务效益，本实验通过固定资产投资决策分析，根据现金流量及净现值计算结果来判断企业是否需要更换固定资产。

4.3.3　知识预备

本实验中涉及的计算公式：

税前利润 = 收入 − 付现成本 − 折旧；

所得税 = 税前利润 × 所得税税率；

税后利润 = 税前利润 − 所得税；

营业现金流量 = 税后利润 + 折旧。

4.3.4 操作步骤

本实验操作步骤如下：

(1) 建立现金流量计算表格，输入数据；

(2) 计算税前利润；

(3) 计算所得税；

(4) 计算税后利润；

(5) 计算现金流量；

(6) 建立净现值计算分析表格；

(7) 计算净现值；

(8) 结果分析。

具体操作如下：

1. 创建一个工作簿

将“Sheet2”工作表命名为“现金流量计算”，在该工作表中建立设备 A 现金流量计算表格，并输入“折旧值计算”工作表中的折旧值计算结果及其他相关数据，如图 4-12 所示。

A1 设备A现金流量计算

	A	B	C	D	E	F
1	设备A现金流量计算					
2	所得税税率	25%				
3	剩余年限	1	2	3	4	5
4	收入	80000.00	80000.00	80000.00	80000.00	80000.00
5	付现成本	50000.00	50000.00	50000.00	50000.00	50000.00
6	年折旧	6328.13	4746.09	3559.57	339.36	339.36
7	税前利润					
8	所得税					
9	税后利润					
10	现金流量					

折旧值计算 | 现金流量计算 | shee

图 4-12 创建工作簿

2. 计算税前利润

在单元格 B7 中输入公式：=B4-B5-B6，拖动填充柄复制公式至单元格 F7，如图 4-13 所示。

B7 =B4-B5-B6

	A	B	C	D	E	F
1	设备A现金流量计算					
2	所得税税率	25%				
3	剩余年限	1	2	3	4	5
4	收入	80000.00	80000.00	80000.00	80000.00	80000.00
5	付现成本	50000.00	50000.00	50000.00	50000.00	50000.00
6	年折旧	6328.13	4746.09	3559.57	339.36	339.36
7	税前利润	23671.87	25253.91	26440.43	29660.64	29660.64
8	所得税					
9	税后利润					
10	现金流量					

折旧值计算 | 现金流量计算 | shee

图 4-13 税前利润的计算

3. 计算所得税

在单元格 B8 中输入公式：＝B7＊＄B＄2，拖动填充柄复制公式至单元格 F8，如图 4-14 所示。

B8　=B7*$B$2

	A	B	C	D	E	F
1	设备A现金流量计算					
2	所得税税率	25%				
3	剩余年限	1	2	3	4	5
4	收入	80000.00	80000.00	80000.00	80000.00	80000.00
5	付现成本	50000.00	50000.00	50000.00	50000.00	50000.00
6	年折旧	6328.13	4746.09	3559.57	339.36	339.36
7	税前利润	23671.87	25253.91	26440.43	29660.64	29660.64
8	所得税	5917.97	6313.48	6610.11	7415.16	7415.16
9	税后利润					
10	现金流量					

折旧值计算　现金流量计算　she

图 4-14　所得税的计算

4. 计算税后利润

在单元格 B9 中输入公式：＝B7－B8，拖动填充柄复制公式至单元格 F9，如图 4-15 所示。

B9　=B7-B8

	A	B	C	D	E	F
1	设备A现金流量计算					
2	所得税税率	25%				
3	剩余年限	1	2	3	4	5
4	收入	80000.00	80000.00	80000.00	80000.00	80000.00
5	付现成本	50000.00	50000.00	50000.00	50000.00	50000.00
6	年折旧	6328.13	4746.09	3559.57	339.36	339.36
7	税前利润	23671.87	25253.91	26440.43	29660.64	29660.64
8	所得税	5917.97	6313.48	6610.11	7415.16	7415.16
9	税后利润	17753.90	18940.43	19830.32	22245.48	22245.48
10	现金流量					

折旧值计算　现金流量计算　she

图 4-15　税后利润的计算

5. 计算现金流量

在单元格 B10 中输入公式：＝B9＋B6，拖动填充柄复制公式至单元格 F10，则求得现金流量，如图 4-16 所示。

类似地，参照上述步骤 1 至步骤 5，可以建立设备 B 现金流量计算表格并计算得到相应的结果，如图 4-17 所示。

6. 建立净现值计算分析表

将“Sheet3”工作表重命名为“净现值计算分析”，在该工作表中建立净现值计算分析表格，并输入“现金流量计算”工作表中的现金流量计算结果和“折旧值计算”工作表中的设备 A 变现价值计算结果以及其他相关数据，如图 4-18 所示。

B10 =B9+B6

	A	B	C	D	E	F
1	设备A现金流量计算					
2	所得税税率	25%				
3	剩余年限	1	2	3	4	5
4	收入	80000.00	80000.00	80000.00	80000.00	80000.00
5	付现成本	50000.00	50000.00	50000.00	50000.00	50000.00
6	年折旧	6328.13	4746.09	3559.57	339.36	339.36
7	税前利润	23671.87	25253.91	26440.43	29660.64	29660.64
8	所得税	5917.97	6313.48	6610.11	7415.16	7415.16
9	税后利润	17753.90	18940.43	19830.32	22245.48	22245.48
10	现金流量	24082.03	23686.52	23389.89	22584.84	22584.84

折旧值计算 现金流量计算 shee

图 4-16 A 设备现金流量的计算

A11 设备B现金流量计算

	A	B	C	D	E	F
11	设备B现金流量计算					
12	所得税税率	25%				
13	年限	1	2	3	4	5
14	收入	120000.00	120000.00	120000.00	120000.00	120000.00
15	付现成本	60000.00	60000.00	60000.00	60000.00	60000.00
16	年折旧	20000.00	16000.00	12000.00	8000.00	4000.00
17	税前利润	40000.00	44000.00	48000.00	52000.00	56000.00
18	所得税	10000.00	11000.00	12000.00	13000.00	14000.00
19	税后利润	30000.00	33000.00	36000.00	39000.00	42000.00
20	现金流量	50000.00	49000.00	48000.00	47000.00	46000.00

折旧值计算 现金流量计算 shee

图 4-17 B 设备现金流量的计算

A1 净现值计算分析

	A	B	C	D
1	净现值计算分析			
2	贴现率	10%		
3	年份	设备A现金流量	设备B现金流量	
4	0	-25,312.50	-80,000.00	
5	1	24,082.03	50,000.00	
6	2	23,686.52	49,000.00	
7	3	23,389.89	48,000.00	
8	4	22,584.84	47,000.00	
9	5	22,584.84	46,000.00	
10	净现值			
11				

净现值计算分析

图 4-18 建立净现值计算分析表

7. 计算净现值

在单元格 B10 中输入公式：=NPV($B$2,B5:B9)+B4，拖动填充柄复制公式至单元格 C10，计算得到净现值，如图 4-19 所示。

8. 结果分析

由计算可得，设备 B 的净现值大于设备 A 的净现值，故企业应更换设备。

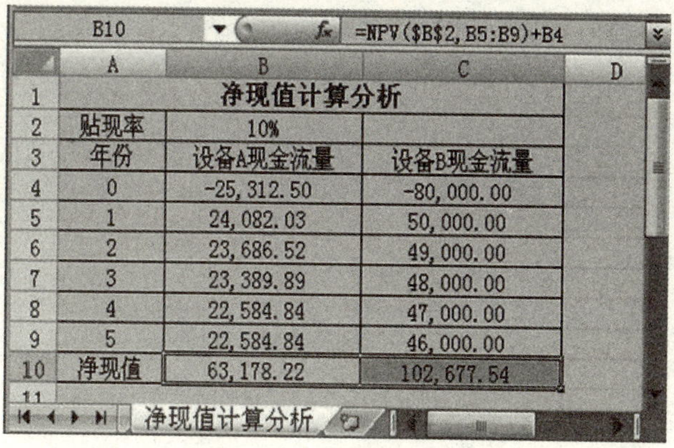

B10　=NPV($B$2,B5:B9)+B4

	A	B	C
1	净现值计算分析		
2	贴现率	10%	
3	年份	设备A现金流量	设备B现金流量
4	0	-25,312.50	-80,000.00
5	1	24,082.03	50,000.00
6	2	23,686.52	49,000.00
7	3	23,389.89	48,000.00
8	4	22,584.84	47,000.00
9	5	22,584.84	46,000.00
10	净现值	63,178.22	102,677.54

净现值计算分析

图 4-19　净现值的计算

【应用与练习】

1. 某公司现有两个投资方案可供选择，具体现金流量情况见表：

年次	A 方 案		B 方 案	
	现金流入量	现金流出量	现金流入量	现金流出量
0		30 000		40 000
1	7 000		11 000	
2	10 000		15 000	
3	12 000		18 000	
4	15 000		16 000	

要求：假定该公司的资金成本率为 10%，试分别用贴现指标评价法和非贴现指标评价法来判断两个投资方案。

2. 某企业引进了一套新设备，账面价值为 500 万元，使用年限为 5 年，期末残值为原值的 5%。试分别运用双倍余额递减法和年数总和法来计算该设备每年的折旧额。

3. 某公司有一台旧设备，如今考虑更新设备，资料如下：

(1) 旧设备账面净值为 45 000 元，尚可使用年限 4 年，报废后残值为 5 000 元；

(2) 购买新设备需要投入 80 000 元，使用年限为 4 年，5 年后残值为 18 000 元；

(3) 使用新设备可增加销售收入 8 000 元，降低经营成本 3 000 元；

(4) 若选择出售旧设备可得价款 43 000 元，由于出售设备损失可抵减所得税 660 元；

(5) 所得税率为 25%，资金成本为 10%。

要求：试判断公司是否需要更新设备。

第5章 证券投资管理

证券是指各类记载并代表一定权利的法律凭证。它用以证明持券人有权依其所持证券记载的内容而取得应有的权益。投资者在进行证券投资时，应对欲投资的证券风险进行充分估计，对期望报酬率进行谨慎测算。证券投资报酬包括投资的利息收益和投资的资本利得收益两部分。

实验 5.1 股票收益率计算

5.1.1 实验案例

已知广钢股份(SH600894)和八一钢铁(SH600581)2009 年 4 月 30 日至 2010 年 3 月 31 日期间各月的股价，要求计算两只股票在此期间的月连续复合收益率及有关统计指标。

5.1.2 实验目的

在忽略股利的情况下，本实验将根据每只股票每月的收盘价来计算股票收益率的大小，并且使用股票的连续复合收益，在此基础上再进行方差、协方差等有关统计量的计算，来帮助分析股票的收益率。

5.1.3 知识预备

运用方差、标准差可以判断股票收益率的波动性，通过协方差、相关系数可以判断股票间的相关性。

CORREL 函数：返回单元格区域 array1 和 array2 之间的相关系数。使用相关系数可以确定两种属性之间的关系。

语法格式：CORREL(array1,array2)。

- array1：第一组数值单元格区域。
- array2：第二组数值单元格区域。

COVAR 函数：返回协方差，即每对数据点的偏差乘积的平均数，利用协方差可以决定两个数据集之间的关系。

语法格式：COVAR(array1,array2)。

- array1：第一个所含数据为整数的单元格区域。
- array2：第二个所含数据为整数的单元格区域。

VARP 函数：计算基于整个样本总体的方差。

语法格式：VARP(number1,number2,…)。

- number1，number2,…为对应于样本总体的 1 到 255 个参数。

STDEVP 函数：返回以参数形式给出的整个样本总体的标准偏差。标准偏差反映数值相对于平均值（mean）的离散程度。

语法格式：STDEVP(number1,number2,…)。

- number1,number2,…为对应于样本总体的 1 到 255 个参数。也可以不使用这种用逗号分隔参数的形式,而用单个数组或对数组的引用。

5.1.4 操作步骤

本实验的操作步骤如下：

(1) 创建工作簿,建立工作表；

(2) 计算收益率；

(3) 计算平均收益；

(4) 计算方差；

(5) 计算标准差；

(6) 计算协方差；

(7) 计算相关系数。

具体操作如下：

1. 创建一个工作簿

建立一个工作表,命名为“股票收益及有关统计量计算”,将已知数据输入工作表中,如图 5-1 所示。

B1 | 股票收益及有关统计量计算

	A	B	C	D	E	F
1		股票收益及有关统计量计算				
2		股价（元）			收益率	
3	日期	广钢股份（600894）	八一钢铁（600581）		广钢股份（600894）	八一钢铁（600581）
4	2009-4-30	4.30	7.45			
5	2009-5-27	4.64	9.31			
6	2009-6-30	6.25	11.38			
7	2009-7-31	6.90	13.34			
8	2009-8-30	5.01	9.17			
9	2009-9-30	5.45	8.80			
10	2009-10-30	6.10	9.45			
11	2009-11-30	7.92	13.38			
12	2009-12-31	7.76	15.73			
13	2010-1-29	7.31	13.56			
14	2010-2-26	7.65	14.26			
15	2010-3-31	8.19	14.35			
16				平均收益		
17				方差		
18				标准差		
19				协方差		
20				相关系数		

股票收益及有关统计量计算 / Sheet2 / Sheet3

图 5-1 创建工作簿

2. 计算收益率

在单元格 E5 中输入公式：=LN(B5/B4)，拖动填充柄复制公式至 F5，再分别拖动填充柄复制公式至 E15 和 F15，得到计算结果，如图 5-2 所示。

E5 =LN(B5/B4)

	A	B	C	D	E	F
1		股票收益及有关统计量计算				
2		股价（元）			收益率	
3	日期	广钢股份（600894）	八一钢铁（600581）		广钢股份（600894）	八一钢铁（600581）
4	2009-4-30	4.30	7.45			
5	2009-5-27	4.64	9.31		7.61%	22.29%
6	2009-6-30	6.25	11.38		29.79%	20.08%
7	2009-7-31	6.90	13.34		9.89%	15.89%
8	2009-8-30	5.01	9.17		-32.01%	-37.48%
9	2009-9-30	5.45	8.80		8.42%	-4.12%
10	2009-10-30	6.10	9.45		11.27%	7.13%
11	2009-11-30	7.92	13.38		26.11%	34.77%
12	2009-12-31	7.76	15.73		-2.04%	16.18%
13	2010-1-29	7.31	13.56		-5.97%	-14.84%
14	2010-2-26	7.65	14.26		4.55%	5.03%
15	2010-3-31	8.19	14.35		6.82%	0.63%
16				平均收益		
17				方差		
18				标准差		
19				协方差		
20				相关系数		

股票收益及有关统计量计算 / Sheet2 / Sheet3

图 5-2 收益率的计算

3. 计算平均收益

在单元格 E16 中输入公式：=AVERAGE(E5:E15)，拖动填充柄复制公式至单元格 F16，得到计算结果，如图 5-3 所示。

E16 =AVERAGE(E5:E15)

	A	B	C	D	E	F
1		股票收益及有关统计量计算				
2		股价（元）			收益率	
3	日期	广钢股份（600894）	八一钢铁（600581）		广钢股份（600894）	八一钢铁（600581）
4	2009-4-30	4.30	7.45			
5	2009-5-27	4.64	9.31		7.61%	22.29%
6	2009-6-30	6.25	11.38		29.79%	20.08%
7	2009-7-31	6.90	13.34		9.89%	15.89%
8	2009-8-30	5.01	9.17		-32.01%	-37.48%
9	2009-9-30	5.45	8.80		8.42%	-4.12%
10	2009-10-30	6.10	9.45		11.27%	7.13%
11	2009-11-30	7.92	13.38		26.11%	34.77%
12	2009-12-31	7.76	15.73		-2.04%	16.18%
13	2010-1-29	7.31	13.56		-5.97%	-14.84%
14	2010-2-26	7.65	14.26		4.55%	5.03%
15	2010-3-31	8.19	14.35		6.82%	0.63%
16				平均收益	5.86%	5.96%
17				方差		
18				标准差		
19				协方差		
20				相关系数		

股票收益及有关统计量计算 / Sheet2 / Sheet3

图 5-3 平均收益的计算

4. 计算方差

在单元格 E17 中输入公式：=VARP(E5:E15)，拖动填充柄复制公式至单元格 F17，得到计算结果，如图 5-4 所示。

E17 =VARP(E5:E15)

	A	B	C	D	E	F
1				股票收益及有关统计量计算		
2		股价（元）			收益率	
3	日期	广钢股份（600894）	八一钢铁（600581）		广钢股份（600894）	八一钢铁（600581）
4	2009-4-30	4.30	7.45			
5	2009-5-27	4.64	9.31		7.61%	22.29%
6	2009-6-30	6.25	11.38		29.79%	20.08%
7	2009-7-31	6.90	13.34		9.89%	15.89%
8	2009-8-30	5.01	9.17		-32.01%	-37.48%
9	2009-9-30	5.45	8.80		8.42%	-4.12%
10	2009-10-30	6.10	9.45		11.27%	7.13%
11	2009-11-30	7.92	13.38		26.11%	34.77%
12	2009-12-31	7.76	15.73		-2.04%	16.18%
13	2010-1-29	7.31	13.56		-5.97%	-14.84%
14	2010-2-26	7.65	14.26		4.55%	5.03%
15	2010-3-31	8.19	14.35		6.82%	0.63%
16				平均收益	5.86%	5.96%
17				方差	0.0243	0.0359
18				标准差		
19				协方差		
20				相关系数		

股票收益及有关统计量计算 / Sheet2 / Sheet3

图 5-4 方差的计算

5. 计算标准差

在单元格 E18 中输入公式：=STDEVP(E5:E15)，拖动填充柄复制公式至单元格 F18，得到计算结果，如图 5-5 所示。

E18 =STDEVP(E5:E15)

	A	B	C	D	E	F
1				股票收益及有关统计量计算		
2		股价（元）			收益率	
3	日期	广钢股份（600894）	八一钢铁（600581）		广钢股份（600894）	八一钢铁（600581）
4	2009-4-30	4.30	7.45			
5	2009-5-27	4.64	9.31		7.61%	22.29%
6	2009-6-30	6.25	11.38		29.79%	20.08%
7	2009-7-31	6.90	13.34		9.89%	15.89%
8	2009-8-30	5.01	9.17		-32.01%	-37.48%
9	2009-9-30	5.45	8.80		8.42%	-4.12%
10	2009-10-30	6.10	9.45		11.27%	7.13%
11	2009-11-30	7.92	13.38		26.11%	34.77%
12	2009-12-31	7.76	15.73		-2.04%	16.18%
13	2010-1-29	7.31	13.56		-5.97%	-14.84%
14	2010-2-26	7.65	14.26		4.55%	5.03%
15	2010-3-31	8.19	14.35		6.82%	0.63%
16				平均收益	5.86%	5.96%
17				方差	0.0243	0.0359
18				标准差	15.60%	18.95%
19				协方差		
20				相关系数		

股票收益及有关统计量计算 / Sheet2 / Sheet3

图 5-5 标准差的计算

6. 计算协方差

在单元格 E19 中输入公式：=COVAR(E5:E15,I5:I15)，得到计算结果，如图 5-6 所示。

7. 计算相关系数

在单元格 E20 中输入公式：=CORREL(E5:E15,F5:F15)，得到计算结果，如图 5-7 所示。

E19 =COVAR(H5:H15,I5:I15)

	A	B	C	D	E	F
1		股票收益及有关统计量计算				
2		股价(元)			收益率	
3	日期	广钢股份(600894)	八一钢铁(600581)		广钢股份(600894)	八一钢铁(600581)
4	2009-4-30	4.30	7.45			
5	2009-5-27	4.64	9.31		7.61%	22.29%
6	2009-6-30	6.25	11.38		29.79%	20.08%
7	2009-7-31	6.90	13.34		9.89%	15.89%
8	2009-8-30	5.01	9.17		-32.01%	-37.48%
9	2009-9-30	5.45	8.80		8.42%	-4.12%
10	2009-10-30	6.10	9.45		11.27%	7.13%
11	2009-11-30	7.92	13.38		26.11%	34.77%
12	2009-12-31	7.76	15.73		-2.04%	16.18%
13	2010-1-29	7.31	13.56		-5.97%	-14.84%
14	2010-2-26	7.65	14.26		4.55%	5.03%
15	2010-3-31	8.19	14.35		6.82%	0.63%
16				平均收益	5.86%	5.96%
17				方差	0.0243	0.0359
18				标准差	15.60%	18.95%
19				协方差	0.0252	
20				相关系数		
21						

股票收益及有关统计量计算 / Sheet2 / Sheet3

图 5-6 协方差的计算

E20 =CORREL(E5:E15,F5:F15)

	A	B	C	D	E	F
1		股票收益及有关统计量计算				
2		股价(元)			收益率	
3	日期	广钢股份(600894)	八一钢铁(600581)		广钢股份(600894)	八一钢铁(600581)
4	2009-4-30	4.30	7.45			
5	2009-5-27	4.64	9.31		7.61%	22.29%
6	2009-6-30	6.25	11.38		29.79%	20.08%
7	2009-7-31	6.90	13.34		9.89%	15.89%
8	2009-8-30	5.01	9.17		-32.01%	-37.48%
9	2009-9-30	5.45	8.80		8.42%	-4.12%
10	2009-10-30	6.10	9.45		11.27%	7.13%
11	2009-11-30	7.92	13.38		26.11%	34.77%
12	2009-12-31	7.76	15.73		-2.04%	16.18%
13	2010-1-29	7.31	13.56		-5.97%	-14.84%
14	2010-2-26	7.65	14.26		4.55%	5.03%
15	2010-3-31	8.19	14.35		6.82%	0.63%
16				平均收益	5.86%	5.96%
17				方差	0.0243	0.0359
18				标准差	15.60%	18.95%
19				协方差	0.0252	
20				相关系数	0.8539	

股票收益及有关统计量计算 / Sheet2 / Sheet3

图 5-7 相关系数的计算

根据图 5-7 中的结果,广钢股份的标准差小于八一钢铁,说明广钢的收益波动率小于八一钢铁,收益稳定性略高于八一钢铁。由协方差和相关系数可以看出,两只股票的收益率正相关,这也对应了它们属于同一行业。

实验 5.2 股票投资组合收益与风险分析

5.2.1 实验案例

已知广钢股份(SH600894)和八一钢铁(SH600581)2009 年 4 月 30 日至 2010 年 3 月 31 日期间各月的股价,根据实验 5.1 案例中所求的平均收益作为两只股票的预期收益,在此基础上要求计算投资组合的平均收益与标准差。

5.2.2　实验目的

证券投资中经常使用投资组合策略，投资组合要获得收益，就需对收益与风险进行正确合理的分析判断。实验通过计算投资组合的平均收益与标准差来分析投资组合收益与风险之间的关系。

5.2.3　知识预备

投资组合的平均收益是组成证券的加权平均收益，假设 A、B 两种股票组成的投资组合，A 所在投资比例为 x，那么投资组合的期望收益为

$$E(r_p) = xE(r_A) + (1-x)E(r_B)$$

方差则表示为

$$\mathrm{Var}(r_p) = x^2\mathrm{Var}(r_A) + (1-x)^2\mathrm{Var}(r_B) + 2x(1-x)\mathrm{Cov}(r_A, r_B)$$

5.2.4　操作步骤

本实验的操作步骤如下：

(1) 创建工作簿，建立工作表；

(2) 计算投资组合的平均收益；

(3) 计算投资组合收益的方差；

(4) 计算投资组合收益的标准差；

(5) 绘制关系曲线图。

具体操作如下：

1. 创建一个工作簿

首先创建一个工作簿，建立一个工作表，命名为“股票投资组合收益与风险分析”，将已知数据输入工作表中，如图 5-8 所示。

A1　股票投资组合收益与风险分析

	A	B	C	D	E
1	股票投资组合收益与风险分析				
2		广钢股份	八一钢铁		
3	平均收益	5.86%	5.96%		
4	方差	2.43%	3.59%		
5	标准差	15.60%	18.95%		
6	协方差	0.0252			
7					
8	广钢的投资比例	投资组合的平均收益	投资组合收益的方差	投资组合收益的标准差	
9	0				
10	0.1				
11	0.2				
12	0.3				
13	0.4				
14	0.5				
15	0.6				
16	0.7				
17	0.8				
18	0.9				
19	1				
20					

股票投资组合收益与风险分析　Sheet1

图 5-8　创建工作簿

2. 计算投资组合的平均收益

在单元格B9中输入公式：=A9＊＄B＄3+(1−A9)＊＄C＄3，拖动填充柄复制公式至单元格B19，得到计算结果，如图5-9所示。

B9 =A9*$B$3+(1-A9)*$C$3

	A	B	C	D
1	股票投资组合收益与风险分析			
2		广钢股份	八一钢铁	
3	平均收益	5.86%	5.96%	
4	方差	2.43%	3.59%	
5	标准差	15.60%	18.95%	
6	协方差	0.0252		
7				
8	广钢的投资比例	投资组合的平均收益	投资组合收益的方差	投资组合收益的标准差
9	0	5.96%		
10	0.1	5.95%		
11	0.2	5.94%		
12	0.3	5.93%		
13	0.4	5.92%		
14	0.5	5.91%		
15	0.6	5.90%		
16	0.7	5.89%		
17	0.8	5.88%		
18	0.9	5.87%		
19	1	5.86%		

股票投资组合收益与风险分析 / Sheet

图5-9 投资组合的平均收益的计算

3. 计算投资组合收益的方差

在单元格C9中输入公式：=A9^2＊＄B＄4+(1−A9)^2＊＄C＄4+2＊A9＊(1−A9)＊＄B＄6，拖动填充柄复制公式至单元格C19，得到计算结果，如图5-10所示。

C9 =A9^2*$B$4+(1-A9)^2*$C$4+2*A9*(1-A9)*$B$6

	A	B	C	D
1	股票投资组合收益与风险分析			
2		广钢股份	八一钢铁	
3	平均收益	5.86%	5.96%	
4	方差	2.43%	3.59%	
5	标准差	15.60%	18.95%	
6	协方差	0.0252		
7				
8	广钢的投资比例	投资组合的平均收益	投资组合收益的方差	投资组合收益的标准差
9	0	5.96%	3.59%	
10	0.1	5.95%	3.39%	
11	0.2	5.94%	3.20%	
12	0.3	5.93%	3.04%	
13	0.4	5.92%	2.89%	
14	0.5	5.91%	2.77%	
15	0.6	5.90%	2.66%	
16	0.7	5.89%	2.57%	
17	0.8	5.88%	2.51%	
18	0.9	5.87%	2.46%	
19	1	5.86%	2.43%	

股票投资组合收益与风险分析 / Sheet

图5-10 投资组合收益的方差的计算

4. 计算投资组合收益的标准差

在单元格D9中输入公式：=SQRT(C9)，拖动填充柄复制公式至单元格D19，得到计算结果，如图5-11所示。

D9　=SQRT(C9)

	A	B	C	D
1	股票投资组合收益与风险分析			
2		广钢股份	八一钢铁	
3	平均收益	5.86%	5.96%	
4	方差	2.43%	3.59%	
5	标准差	15.60%	18.95%	
6	协方差	0.0252		
7				
8	广钢的投资比例	投资组合的平均收益	投资组合收益的方差	投资组合收益的标准差
9	0	5.96%	3.59%	18.95%
10	0.1	5.95%	3.39%	18.41%
11	0.2	5.94%	3.20%	17.90%
12	0.3	5.93%	3.04%	17.43%
13	0.4	5.92%	2.89%	17.01%
14	0.5	5.91%	2.77%	16.63%
15	0.6	5.90%	2.66%	16.31%
16	0.7	5.89%	2.57%	16.04%
17	0.8	5.88%	2.51%	15.84%
18	0.9	5.87%	2.46%	15.69%
19	1	5.86%	2.43%	15.60%

股票投资组合收益与风险分析　Shee

图 5-11　投资组合收益的标准差的计算

5. 绘制关系曲线图

插入一个以区域 D9：D19 为 X 轴，以 B9：B19 为 Y 轴的散点图，经过调整可得到不同比例下收益与风险的关系曲线图，如图 5-12 所示。

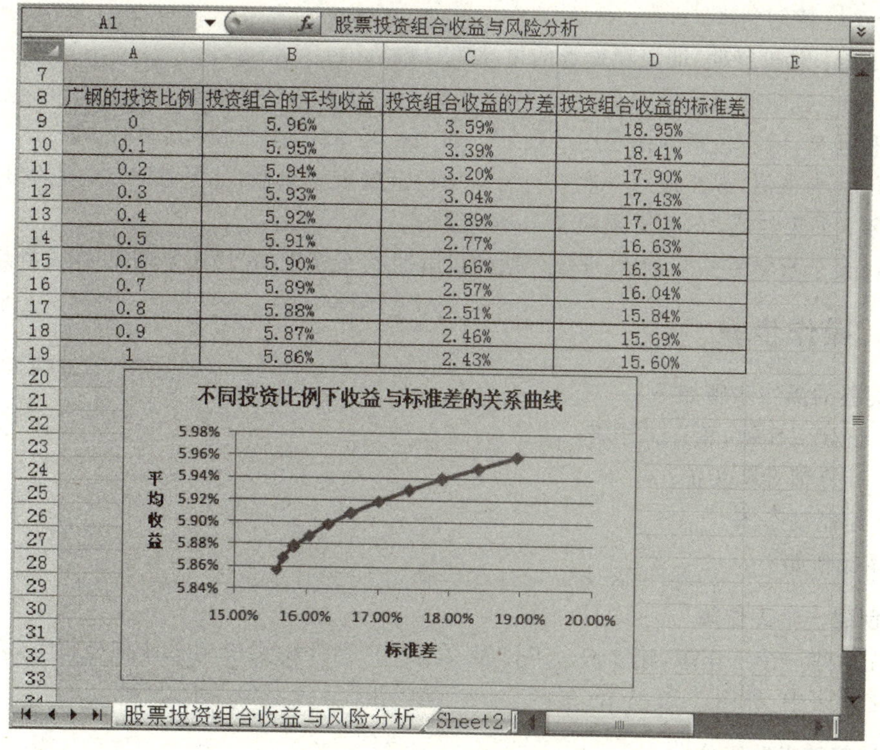

A1　股票投资组合收益与风险分析

	A	B	C	D
7				
8	广钢的投资比例	投资组合的平均收益	投资组合收益的方差	投资组合收益的标准差
9	0	5.96%	3.59%	18.95%
10	0.1	5.95%	3.39%	18.41%
11	0.2	5.94%	3.20%	17.90%
12	0.3	5.93%	3.04%	17.43%
13	0.4	5.92%	2.89%	17.01%
14	0.5	5.91%	2.77%	16.63%
15	0.6	5.90%	2.66%	16.31%
16	0.7	5.89%	2.57%	16.04%
17	0.8	5.88%	2.51%	15.84%
18	0.9	5.87%	2.46%	15.69%
19	1	5.86%	2.43%	15.60%

图 5-12　绘制关系曲线图

由图 5-12 中的关系曲线可以看出,该投资组合的平均收益与风险成正比关系,即投资组合的风险越大,所要求的收益就越大。

实验 5.3 债券估价分析

5.3.1 实验案例

目前市场上的多种债券可以投资,期望收益率为 5%～15%,面值为 100 元,付息次数为 1～4 次/年,票面利率为 4%～12%,期限为 1～10 年,计算不同情况下债券的购买价。

5.3.2 实验目的

投资债券的目的是到期收回本金的同时得到固定的利息收益,决定债券收益的因素有利率、期限、面值等。在对债券进行投资时,需要对债券进行估价,实验将根据付息次数、票面利率等的变动,分析不同情况下的债券合理购买价格。

5.3.3 知识预备

本实验运用 PV 函数来进行债券的估价。

PV 函数:返回投资的现值。现值为一系列未来付款的当前值的累积和。

语法格式:PV(rate,nper,pmt,fv,type)。

- rate:各期利率。
- nper:总投资期,即该项投资的付款期总数。
- pmt:各期所应支付的金额,其数值在整个年金期间保持不变。通常,pmt 包括本金和利息,但不包括其他费用或税款。如果忽略 pmt,则必须包含 fv 参数。
- fv :未来值,或在最后一次支付后希望得到的现金余额,如果省略 fv,则假设其值为零;如果忽略 fv,则必须包含 pmt 参数。
- type :数字 0 或 1,用以指定各期的付款时间是在期初(1)还是期末(0 或省略)。

5.3.4 操作步骤

本实验的操作步骤如下:

(1) 创建工作簿,建立工作表;

(2) 计算债券购买价;

(3) 绘制动态图。

具体操作如下:

1. 创建一个工作簿

首先创建一个工作簿,建立一个工作表,命名为"债券购买价动态计算分析",将已知数据输入工作表中,如图 5-13 所示。

2. 计算债券购买价

在单元格 B7 中输入公式:=ABS(PV($B$5/100*$B$3,$A$7*$B$3,

A1　　f_x　债券购买价动态计

	A	B	C	D
1	债券购买价动态计算分析			
2	债券面值(元)	100		
3	年付息次数	1		
4	票面年利率（%）	4		
5	期望收益率(%)	5		
6	期限（年）	债券购买价		
7	1			
8	2			
9	3			
10	4			
11	5			
12	6			
13	7			
14	8			
15	9			
16	10			
17				

Sheet1 / Sheet2 / Sh

图 5-13　创建工作簿

$B$2＊$B$4/100＊$B$3,$B$2)),拖动填充柄复制公式至单元格 B16,得到计算结果,如图 5-14 所示。

B7　　f_x　=ABS(PV($B$5/100*$B$3,

	A	B	C	D	E
1	债券购买价动态计算分析				
2	债券面值(元)	100			
3	年付息次数	1			
4	票面年利率（%）	4			
5	期望收益率(%)	5			
6	期限（年）	债券购买价			
7	1	￥99.05			
8	2	￥98.14			
9	3	￥97.28			
10	4	￥96.45			
11	5	￥95.67			
12	6	￥94.92			
13	7	￥94.21			
14	8	￥93.54			
15	9	￥92.89			
16	10	￥92.28			
17					

Sheet1 / Sheet2 / Sheet3

图 5-14　债券购买价的计算

3. 绘制债券购买价动态图

选中区域 B7：B16 区域,插入一“带数据标记的堆积折线图”,得到动态图,如图 5-15 所示。

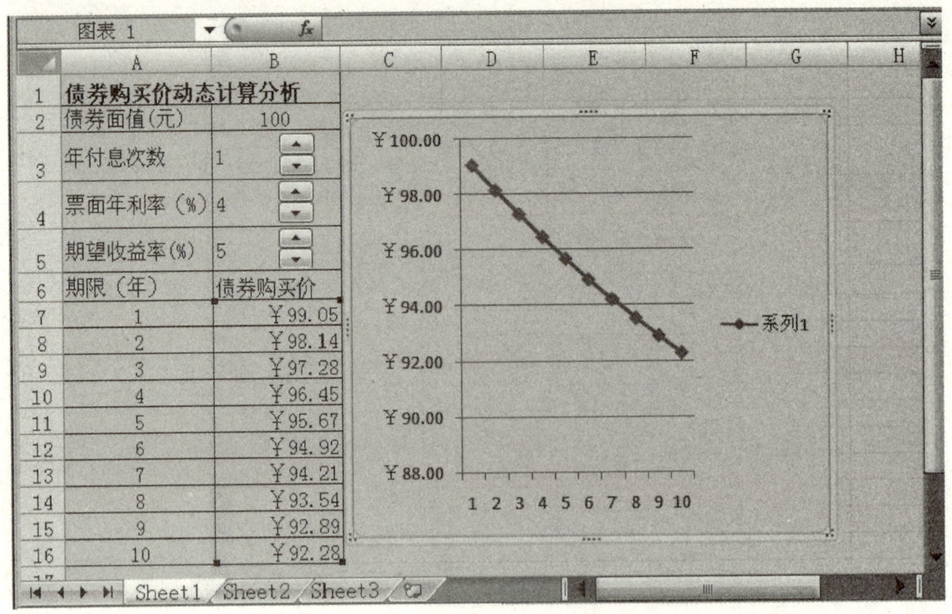

图 5-15 绘制债券购买价动态图

4. 调整图表

如图 5-16 所示。

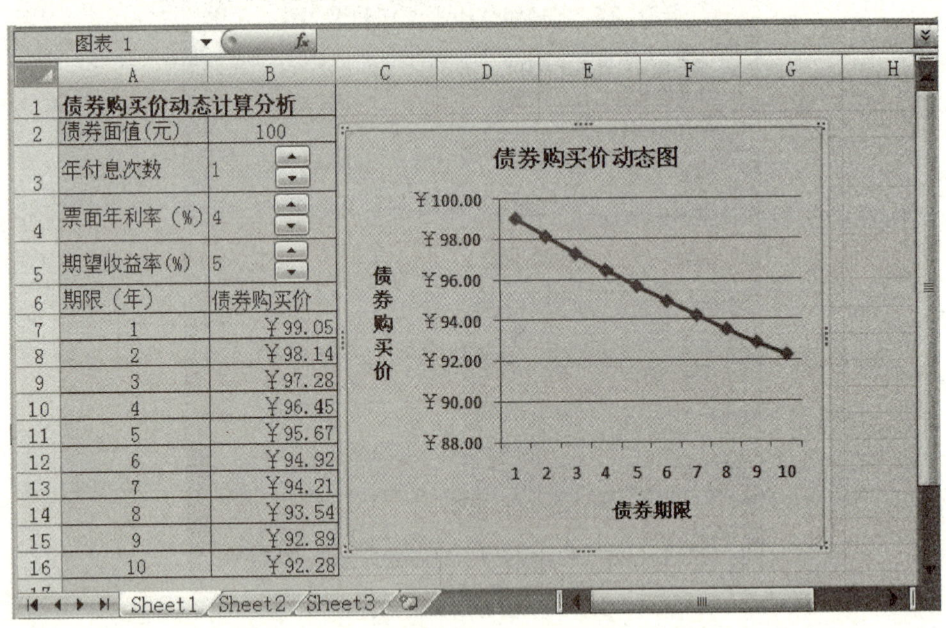

图 5-16 调整图表

5. 改变付息次数、年利率和期望收益率

分别改变付息次数、年利率和期望收益率,则可得到相对应的动态图,如图 5-17 和图 5-18 所示。

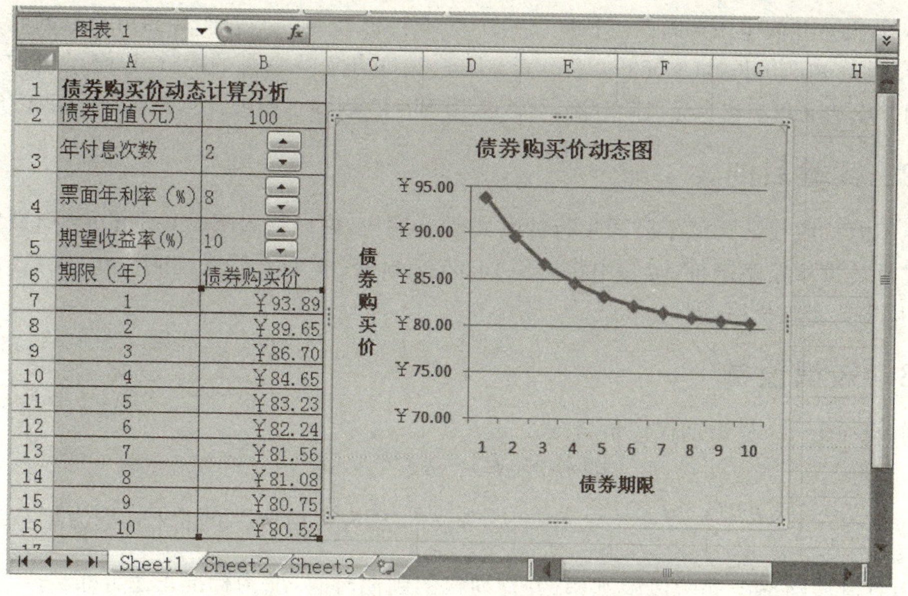

债券购买价动态计算分析	
债券面值(元)	100
年付息次数	2
票面年利率 (%)	8
期望收益率(%)	10
期限 (年)	债券购买价
1	¥93.89
2	¥89.65
3	¥86.70
4	¥84.65
5	¥83.23
6	¥82.24
7	¥81.56
8	¥81.08
9	¥80.75
10	¥80.52

图 5-17 改变付息次数、年利率和期望收益率 1

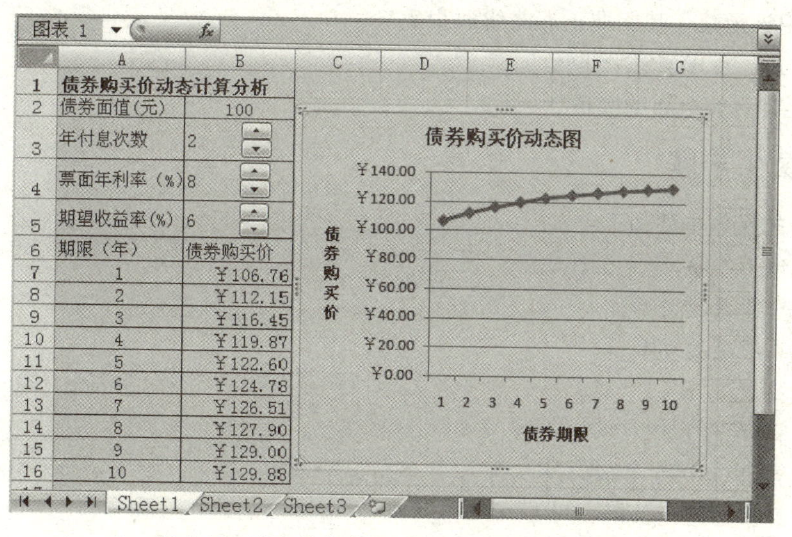

债券购买价动态计算分析	
债券面值(元)	100
年付息次数	2
票面年利率 (%)	8
期望收益率(%)	6
期限 (年)	债券购买价
1	¥106.76
2	¥112.15
3	¥116.45
4	¥119.87
5	¥122.60
6	¥124.78
7	¥126.51
8	¥127.90
9	¥129.00
10	¥129.88

图 5-18 改变付息次数、年利率和期望收益率 2

对图 5-17 和图 5-18 中的动态图进行有关变量的调整后发现，当票面年利率大于期望收益率时，年付息次数越多，债券估价就越高；当票面年利率小于期望收益率时，年付息次数越多，债券估价就越低。

实验 5.4 基于 Black-Scholes 模型的认股权证定价分析

5.4.1 实验案例

目前上海证券交易所唯一的权证长虹 CWB1 标的证券为四川长虹(sh600839)，为欧式认购权证，最新行权价位 3.48 元，行权比例为 1∶1.5，当前日期为 2011 年 6 月 1 日，距离到期为

0.2 年(72 天),并假定该期间四川长虹(600839)不分红,2010 年 6 月 1 日四川长虹的收盘价是 3.95 元,并已知四川长虹(600839)2010 年 5 月至 2011 年 4 月各月的股价,以金融机构人民币一年期存款基准利率作为无风险利率,要求运用 Black-Scholes 模型计算该权证的理论价值。

5.4.2 实验目的

我国的认股权证近似于公司发行的欧式看涨期权,可以借鉴 Black-Scholes 模型期权定价公式对其进行粗略定价,实验中将运用 Black-Scholes 模型来估算权证长虹 CWB1 的理论价格,并与其实际价格做对比。

5.4.3 知识预备

Black-Scholes 模型期权定价公式:

$$C=SN(d_1)-Xe^{-rT}N(d_2)$$

其中,$d_1=\dfrac{\ln(S/X)+(r+\sigma^2/2)T}{\sigma\sqrt{T}}$,$d_2=d_{1-}\sigma\sqrt{T}$,$S$ 为当前股票的价格,X 为期权执行价格,σ 为股票波动率,r 是无风险利率,T 是期权的到期时间,N 为标准正态分布。

NORMSDIST 函数:返回标准正态累积分布函数,该分布的平均值为 0,标准偏差为 1。可以使用该函数代替标准正态曲线面积表。

语法格式:NORMSDIST(z)。

z:需要计算其分布的数值。

5.4.4 操作步骤

本实验的操作步骤如下:

(1) 创建工作簿,建立工作表;

(2) 计算股票收益率;

(3) 计算股票波动率;

(4) 计算 d_1;

(5) 计算 d_2;

(6) 计算 $N(d_1)$和 $N(d_2)$;

(7) 计算权证理论价格。

具体操作如下:

1. 创建一个工作簿

首先创建一个工作簿,建立一个工作表,命名为“B-S 模型认股权证定价分析”,将已知数据输入工作表中,如图 5-19 所示。

2. 计算股票收益率

在单元格 F3 中输入公式:=LN(E3/E2),拖动填充柄复制公式至单元格 F13,则得到计算结果,如图 5-20 所示。

3. 计算股票波动率

在单元格 B7 中输入公式:=SQRT(12) * STDEVP(F3:F13),则得到波动率,如图 5-21 所示。

A1　　f_x　B-S模型认股权证定价分析

	A	B	C	D	E	F
1	B-S模型认股权证定价分析			日期	四川长虹股价	收益率
2	当前的股价S	3.95		2010-6-30	3.69	
3	行权价格X	3.48		2010-7-30	4.14	
4	无风险利率r	3.25%		2010-8-31	4.20	
5	到期时间T	0.20		2010-9-30	4.07	
6				2010-10-29	4.21	
7	股票波动率σ			2010-11-30	3.82	
8	d_1			2010-12-31	3.20	
9	d_2			2011-1-31	3.85	
10	$N(d_1)$			2011-2-28	4.07	
11	$N(d_2)$			2011-3-31	4.16	
12				2011-4-29	4.36	
13	权证理论价格			2011-5-31	3.96	
14						
15						

B-S认股权证定价分析 / Sheet2

图 5-19　创建工作簿

F3　　f_x　=LN(E3/E2)

	A	B	C	D	E	F
1	B-S模型认股权证定价分析			日期	四川长虹股价	收益率
2	当前的股价S	3.95		2010-6-30	3.69	
3	行权价格X	3.48		2010-7-30	4.14	11.51%
4	无风险利率r	3.25%		2010-8-31	4.20	1.44%
5	到期时间T	0.20		2010-9-30	4.07	-3.14%
6				2010-10-29	4.21	3.38%
7	股票波动率σ			2010-11-30	3.82	-9.72%
8	d_1			2010-12-31	3.20	-17.71%
9	d_2			2011-1-31	3.85	18.49%
10	$N(d_1)$			2011-2-28	4.07	5.56%
11	$N(d_2)$			2011-3-31	4.16	2.19%
12				2011-4-29	4.36	4.70%
13	权证理论价格			2011-5-31	3.96	-9.62%
14						
15						

B-S认股权证定价分析 / Sheet2

图 5-20　股票收益率的计算

小提示

波动率的推算：这里根据月对数收益来粗略推算波动率，由于此处的波动率是指年波动率，所以计算时要将月对数收益标准差转为它的年标准差，即乘以$\sqrt{12}$，则算得波动率的估计值。

4. 计算 d_1

在单元格 B8 中输入公式：=(LN(B2/B3)+(B4+B7^2/2)*B5)/(B7*SQRT

(B5)),则算得结果,如图5-22所示。

B7 =SQRT(12)*STDEVP(F3:F13)

	A	B	C	D	E	F
1	B-S模型认股权证定价分析			日期	四川长虹股价	收益率
2	当前的股价S	3.95		2010-6-30	3.69	
3	行权价格X	3.48		2010-7-30	4.14	11.51%
4	无风险利率r	3.25%		2010-8-31	4.20	1.44%
5	到期时间T	0.20		2010-9-30	4.07	-3.14%
6				2010-10-29	4.21	3.38%
7	股票波动率σ	0.3387		2010-11-30	3.82	-9.72%
8	d_1			2010-12-31	3.20	-17.71%
9	d_2			2011-1-31	3.85	18.49%
10	$N(d_1)$			2011-2-28	4.07	5.56%
11	$N(d_2)$			2011-3-31	4.16	2.19%
12				2011-4-29	4.36	4.70%
13	权证理论价格			2011-5-31	3.96	-9.62%
14						
15						

B-S认股权证定价分析 / Sheet2

图5-21 股票波动率的计算

B8 =(LN(B2/B3)+(B4+B7^2/2)*B5)/(B7*SQRT(

	A	B	C	D	E	F
1	B-S模型认股权证定价分析			日期	四川长虹股价	收益率
2	当前的股价S	3.95		2010-6-30	3.69	
3	行权价格X	3.48		2010-7-30	4.14	11.51%
4	无风险利率r	3.25%		2010-8-31	4.20	1.44%
5	到期时间T	0.20		2010-9-30	4.07	-3.14%
6				2010-10-29	4.21	3.38%
7	股票波动率σ	0.3387		2010-11-30	3.82	-9.72%
8	d_1	0.9550		2010-12-31	3.20	-17.71%
9	d_2			2011-1-31	3.85	18.49%
10	$N(d_1)$			2011-2-28	4.07	5.56%
11	$N(d_2)$			2011-3-31	4.16	2.19%
12				2011-4-29	4.36	4.70%
13	权证理论价格			2011-5-31	3.96	-9.62%
14						
15						

B-S认股权证定价分析 / Sheet2

图5-22 d_1的计算

5. 计算 d_2

在单元格B9中输入公式:=B8−B7 * SQRT(B5),则算得结果,如图5-23所示。

6. 计算 $N(d_1)$和 $N(d_2)$

在单元格B10中输入公式:=NORMSDIST(B8),拖动填充柄复制公式至单元格B11,则得到计算结果,如图5-24所示。

B9 =B8-B7*SQRT(B5)

	A	B	C	D	E	F
1	B-S模型认股权证定价分析			日期	四川长虹股价	收益率
2	当前的股价S	3.95		2010-6-30	3.69	
3	行权价格X	3.48		2010-7-30	4.14	11.51%
4	无风险利率r	3.25%		2010-8-31	4.20	1.44%
5	到期时间T	0.20		2010-9-30	4.07	-3.14%
6				2010-10-29	4.21	3.38%
7	股票波动率σ	0.3387		2010-11-30	3.82	-9.72%
8	d_1	0.9550		2010-12-31	3.20	-17.71%
9	d_2	0.8035		2011-1-31	3.85	18.49%
10	$N(d_1)$			2011-2-28	4.07	5.56%
11	$N(d_2)$			2011-3-31	4.16	2.19%
12				2011-4-29	4.36	4.70%
13	权证理论价格			2011-5-31	3.96	-9.62%
14						
15						

B-S认股权证定价分析 / Sheet2

图 5-23 d_2 的计算

B10 =NORMSDIST(B8)

	A	B	C	D	E	F
1	B-S模型认股权证定价分析			日期	四川长虹股价	收益率
2	当前的股价S	3.95		2010-6-30	3.69	
3	行权价格X	3.48		2010-7-30	4.14	11.51%
4	无风险利率r	3.25%		2010-8-31	4.20	1.44%
5	到期时间T	0.20		2010-9-30	4.07	-3.14%
6				2010-10-29	4.21	3.38%
7	股票波动率σ	0.3387		2010-11-30	3.82	-9.72%
8	d_1	0.9550		2010-12-31	3.20	-17.71%
9	d_2	0.8035		2011-1-31	3.85	18.49%
10	$N(d_1)$	0.8302		2011-2-28	4.07	5.56%
11	$N(d_2)$	0.7892		2011-3-31	4.16	2.19%
12				2011-4-29	4.36	4.70%
13	权证理论价格			2011-5-31	3.96	-9.62%
14						
15						

B-S认股权证定价分析 / Sheet2

图 5-24 $N(d_1)$和 $N(d_2)$的计算

7. 计算权证理论价格

在单元格 B13 中输入公式：＝B2 * B10－B3 * EXP(－B4 * B5) * B11，则得到结果，如图 5-25 所示。

长虹 CWB1(580027)2011 年 6 月 1 日的收盘价为 2.294 元，远高于用 B-S 模型计算的理论价格 0.55 元，在运用 B-S 模型时假设该权证等同于股票看涨期权，同时忽略了波动率和无风险利率等的变动或不确定性，不可轻易的下结论认为该权证被高估。

B13 =B2*B10-B3*EXP(-B4*B5)*B11

	A	B	C	D	E	F
1	B-S模型认股权证定价分析			日期	四川长虹股价	收益率
2	当前的股价S	3.95		2010-6-30	3.69	
3	行权价格X	3.48		2010-7-30	4.14	11.51%
4	无风险利率r	3.25%		2010-8-31	4.20	1.44%
5	到期时间T	0.20		2010-9-30	4.07	-3.14%
6				2010-10-29	4.21	3.38%
7	股票波动率σ	0.3387		2010-11-30	3.82	-9.72%
8	d_1	0.9550		2010-12-31	3.20	-17.71%
9	d_2	0.8035		2011-1-31	3.85	18.49%
10	$N(d_1)$	0.8302		2011-2-28	4.07	5.56%
11	$N(d_2)$	0.7892		2011-3-31	4.16	2.19%
12				2011-4-29	4.36	4.70%
13	权证理论价格	0.55		2011-5-31	3.96	-9.62%
14						
15						

B-S认股权证定价分析 / Sheet2

图 5-25 权证理论价格的计算

【应用与练习】

1. 查询冀东水泥(000401)和江西水泥(000789)两只股票2014年3月至2015年2月期间的每月股价,并计算两只股票在此期间的月连续复合收益率及有关统计量,在此基础上若要对这两只股票进行投资,试计算该投资组合的平均收益与标准差。

2. 某机构持有A、B两只股票,投资额分别为50万元和250万元,期望收益分别为10%和20%,β系数分别为1.2和0.35,该机构拟将B股票投资额缩减50万元,另追加150万元购买C股票(期望收益率为15%,β系数为1.57),试判断这种调整是否有利。

3. 某投资者计划购买5年期面值为1 000元的债券,每年付息2次,票面利率为6%,市场年利率为10%,该债券市价为1 100元。试判断投资者是否该买该债券。

4. 某公司年初股票价格为100元,总股份为100万股。公司董事会为激励公司经理,给予经理3万份认股权证。规定经理在今后的3年内每年年末可以执行认股权证的1/3,在上一年度未执行的可以累积到下一年度执行;在第一年年末执行时,经理可以使用每份认购权证按照110元的价格购买1股普通股票,以后每年年末执行价格递增5%。假设该经理决定只要每年年末执行当年认股权证能获利便立即执行,此后3年股价分别为115元、105元、125元。试计算该公司经理执行认股权证的获利情况。

第6章 流动资金管理

企业的流动资金是企业的“血液”,它的流动和运动反映在企业生产经营中的各个环节,其表现形式为:货币形态—实物形态—货币形态,周而复始,不断循环。一般来说,每周转一次,资金都会增值。流动资金的占用状况和周转率既反映了流动资金的利用效率,又反映着企业生产经营管理水平和自我生存、自我发展能力的大小。因此,管好用活流动资金,加速流动资金周转,是企业生存和发展的需要。

实验 6.1 现金管理

6.1.1 实验案例

A 公司的现金收支状况具有一定弹性,预计的现金需求量及有关资料如表 6-1 所示,求该公司不同情况下的最佳现金持有量、最佳现金管理总成本和有价证券交易次数。

表 6-1 现金需求量等资料

方案	甲	乙	丙
预计现金需求量/元	200 000	300 000	400 000
转换成本/元	200	200	200
有价证券利息率/%	10	10	10

6.1.2 实验目的

基于交易、预防、投机等动机的需要,企业必须保持一定数量的现金余额,即控制好现金持有规模,确定适当的现金持有量。本实验通过存货模式来确定合理的现金持有量,保证企业经营活动所需现金的同时,尽量减少企业闲置的现金数量,提高资金收益率。

6.1.3 知识预备

存货模式下的最佳现金持有量的计算如下页:

$$Q = \sqrt{\frac{2T \times F}{K}}$$

$$TC = \sqrt{2T \times F \times K}$$

其中：

T——一个周期内现金总需求量；

F——每次转换有价证券的固定成本；

Q——最佳现金持有量(每次证券变现的数量)；

K——有价证券利息率(机会成本)；

TC——现金管理总成本。

SQRT 函数：返回数值的平方根。

6.1.4 操作步骤

本实验的操作步骤如下：

(1) 创建工作簿，输入数据；

(2) 计算最佳现金持有量；

(3) 计算最低现金管理成本；

(4) 计算有价证券交易次数。

具体操作如下：

1. 创建一个工作簿

在"Sheet1"工作表中建立现金管理计算表，整理相关数据至表格中，如图 6-1 所示。

A1 现金管理计算表

	A	B	C	D
1	现金管理计算表			
2	方案	甲	乙	丙
3	预计现金需求量	200000	300000	400000
4	转换成本	200	200	200
5	有价证券利息率	10%	10%	10%
6	最佳现金持有量			
7	最低现金管理成本			
8	有价证券交易次数			
9				

现金管理模型 / Sheet2 / Sheet3

图 6-1 创建工作簿

2. 计算最佳现金持有量

在 B6 单元格中输入公式：=SQRT(2 * B3 * B4/B5)，计算出方案甲的最佳现金持有量，拖动填充柄复制公式至单元格 D6 则可得到其余方案的最佳现金持有量，如图 6-2 所示。

3. 计算最低现金管理成本

在 B7 单元格中输入公式：=SQRT(2 * B3 * B4 * B5)，计算出方案甲的最低现金管理成本，拖动填充柄复制公式至单元格 D7 则可得到其余方案的最低现金管理成本，如图 6-3 所示。

B6	=SQRT(2*B3*B4/B5)		
A	B	C	D
现金管理计算表			
方案	甲	乙	丙
预计现金需求量	200000	300000	400000
转换成本	200	200	200
有价证券利息率	10%	10%	10%
最佳现金持有量	28284.27	34641.02	40000.00
最低现金管理成本			
有价证券交易次数			

现金管理模型 Sheet2 Sheet3

图 6-2　最佳现金持有量的计算

B7	=SQRT(2*B3*B4*B5)		
A	B	C	D
现金管理计算表			
方案	甲	乙	丙
预计现金需求量	200000	300000	400000
转换成本	200	200	200
有价证券利息率	10%	10%	10%
最佳现金持有量	28284.27	34641.02	40000.00
最低现金管理成本	2828.43	3464.10	4000.00
有价证券交易次数			

现金管理模型 Sheet2 Sheet3

图 6-3　最低现金管理成本的计算

4. 计算有价证券交易次数

在 B8 单元格中输入公式：＝B3/B6，计算出方案甲的有价证券交易次数，拖动填充柄复制公式至单元格 D8，则可得到其余方案的有价证券交易次数，如图 6-4 所示。

B8	=B3/B6		
A	B	C	D
现金管理计算表			
方案	甲	乙	丙
预计现金需求量	200000	300000	400000
转换成本	200	200	200
有价证券利息率	10%	10%	10%
最佳现金持有量	28284.27	34641.02	40000.00
最低现金管理成本	2828.43	3464.10	4000.00
有价证券交易次数	7.07	8.66	10.00

现金管理模型 Sheet2 Sheet3

图 6-4　有价证券交易次数的计算

实验 6.2　应收账款管理

6.2.1　实验案例

A 公司有三个信用方案,甲方案:N/20,预计赊销收入 2 160 万元,收账费用为 20 万元,坏账损失率 2%;乙方案:N/40,预计赊销收入 2 430 万元,收账费用为 40 万元,坏账损失率 3%;丙方案:2/15,1/30,N/40,其中估计 60%的客户会利用 2%的折扣,10%的客户会利用 1%的折扣,预计赊销收入 2 430 万元,收账费用为 30 万元,坏账损失率 2%。变动成本率为 60%,资金成本率为 20%。要求比较这三个方案。

6.2.2　实验目的

应收账款的管理应该在扩大销售功能效应的同时尽可能降低投资的机会成本、坏账损失与管理成本。本实验对不同信用条件下的方案进行分析,衡量信用成本和信用风险,来合理确定信用政策,从而保证实行赊销策略后既能增加销售收入又能控制好经营风险。

6.2.3　知识预备

本实验中涉及的公式有:

应收账款平均余额 = 年赊销额 / 应收账款周转率

维持赊销业务所需资金 = 应收账款平均余额 × 变动成本率

应收账款机会成本 = 维持赊销业务所需资金 × 资金成本率

6.2.4　操作步骤

本实验的操作步骤如下:

(1) 建立工作表,整理数据;
(2) 计算现金折扣;
(3) 计算应收账款周转率;
(4) 计算应收账款平均余额;
(5) 计算维持赊销业务所需资金;
(6) 计算应收账款机会成本;
(7) 计算坏账损失;
(8) 计算变动成本;
(9) 计算信用成本前收益;
(10) 计算信用成本;
(11) 计算信用成本后收益;
(12) 比较三个方案。

具体操作如下:

1. 建立工作表

在“Sheet2”工作表中建立信用条件分析决策表,并输入相关数据,如图 6-5 所示。

A1 信用条件分析决策表

	A	B	C	D
1	信用条件分析决策表			
2	方案	甲（N/20）	乙（N/40）	丙（2/15,1/30,N/40）
3	年赊销额	2160	2430	2430
4	变动成本率	60%	60%	60%
5	资金成本率	20%	20%	20%
6	坏账损失率	2%	3%	2%
7	收账费用	20	40	30
8	现金折扣			
9	应收账款周转率			
10	应收账款平均余额			
11	维持赊销业务所需资金			
12	应收账款机会成本			
13	坏账损失			
14	变动成本			
15	信用成本前收益			
16	信用成本			
17	信用成本后收益			

现金管理模型 应收账款管理模型

图 6-5 建立工作表

2. 计算现金折扣

在 B8、C8 单元格中输入 0，在 D8 单元格中输入公式：=B3 *（2% * 60%＋1% * 10%），则得到丙方案的现金折扣，如图 6-6 所示。

D8 =B3*(2%*60%+1%*10%)

	A	B	C	D
1	信用条件分析决策表			
2	方案	甲（N/20）	乙（N/40）	丙（2/15,1/30,N/40）
3	年赊销额	2160	2430	2430
4	变动成本率	60%	60%	60%
5	资金成本率	20%	20%	20%
6	坏账损失率	2%	3%	2%
7	收账费用	20	40	30
8	现金折扣	0	0	28.08
9	应收账款周转率			
10	应收账款平均余额			
11	维持赊销业务所需资金			
12	应收账款机会成本			
13	坏账损失			
14	变动成本			
15	信用成本前收益			
16	信用成本			
17	信用成本后收益			

现金管理模型 应收账款管理模型

图 6-6 现金折扣的计算

3. 计算应收账款周转率

在 B9 单元格中输入公式：=360/20，在 C9 单元格中输入公式：=360/40，在 D9 单元格中输入公式：=360/(15*60%+30*10%+40*30%)，则计算得到各方案的应收账款周转率，如图 6-7 所示。

D9 =360/(15*60%+30*10%+40*30%)

	A	B	C	D
1	信用条件分析决策表			
2	方案	甲 (N/20)	乙 (N/40)	丙 (2/15,1/30,N/40)
3	年赊销额	2160	2430	2430
4	变动成本率	60%	60%	60%
5	资金成本率	20%	20%	20%
6	坏账损失率	2%	3%	2%
7	收账费用	20	40	30
8	现金折扣	0	0	28.08
9	应收账款周转率	18	9	15
10	应收账款平均余额			
11	维持赊销业务所需资金			
12	应收账款机会成本			
13	坏账损失			
14	变动成本			
15	信用成本前收益			
16	信用成本			
17	信用成本后收益			

现金管理模型 | 应收账款管理模型 | Sh

图 6-7　应收账款周转率的计算

4. 计算应收账款平均余额

在 B10 单元格中输入公式：=B3/B9，拖动填充柄复制公式至 D10，则计算得到各方案的应收账款平均余额，如图 6-8 所示。

B10 =B3/B9

	A	B	C	D
1	信用条件分析决策表			
2	方案	甲 (N/20)	乙 (N/40)	丙 (2/15,1/30,N/40)
3	年赊销额	2160	2430	2430
4	变动成本率	60%	60%	60%
5	资金成本率	20%	20%	20%
6	坏账损失率	2%	3%	2%
7	收账费用	20	40	30
8	现金折扣	0	0	28.08
9	应收账款周转率	18	9	15
10	应收账款平均余额	120	270	162
11	维持赊销业务所需资金			
12	应收账款机会成本			
13	坏账损失			
14	变动成本			
15	信用成本前收益			
16	信用成本			
17	信用成本后收益			

现金管理模型 | 应收账款管理模型 | Sh

图 6-8　应收账款平均余额的计算

5. 计算维持赊销业务所需资金

在 B11 单元格中输入公式：=B10 * B4，拖动填充柄复制公式至 D11，则计算得到各方案的维持赊销业务所需资金，如图 6-9 所示。

B11　=B10*B4

	A	B	C	D
1	信用条件分析决策表			
2	方案	甲（N/20）	乙（N/40）	丙（2/15,1/30,N/40）
3	年赊销额	2160	2430	2430
4	变动成本率	60%	60%	60%
5	资金成本率	20%	20%	20%
6	坏账损失率	2%	3%	2%
7	收账费用	20	40	30
8	现金折扣	0	0	28.08
9	应收账款周转率	18	9	15
10	应收账款平均余额	120	270	162
11	维持赊销业务所需资金	72	162	97.2
12	应收账款机会成本			
13	坏账损失			
14	变动成本			
15	信用成本前收益			
16	信用成本			
17	信用成本后收益			

现金管理模型　应收账款管理模型　Sh

图 6-9　维持赊销业务所需资金的计算

6. 计算应收账款机会成本

在 B12 单元格中输入公式：=B11 * B5，拖动填充柄复制公式至 D12，则计算得到各方案的应收账款机会成本，如图 6-10 所示。

B12　=B11*B5

	A	B	C	D
1	信用条件分析决策表			
2	方案	甲（N/20）	乙（N/40）	丙（2/15,1/30,N/40）
3	年赊销额	2160	2430	2430
4	变动成本率	60%	60%	60%
5	资金成本率	20%	20%	20%
6	坏账损失率	2%	3%	2%
7	收账费用	20	40	30
8	现金折扣	0	0	28.08
9	应收账款周转率	18	9	15
10	应收账款平均余额	120	270	162
11	维持赊销业务所需资金	72	162	97.2
12	应收账款机会成本	14.4	32.4	19.44
13	坏账损失			
14	变动成本			
15	信用成本前收益			
16	信用成本			
17	信用成本后收益			

现金管理模型　应收账款管理模型　Sh

图 6-10　应收账款机会成本的计算

7. 计算坏账损失

在 B13 单元格中输入公式：=B3 * B6，拖动填充柄复制公式至 D13，则计算得到各方案的坏账损失，如图 6-11 所示。

B13 =B3*B6

	A	B	C	D
1	信用条件分析决策表			
2	方案	甲 (N/20)	乙 (N/40)	丙 (2/15,1/30,N/40)
3	年赊销额	2160	2430	2430
4	变动成本率	60%	60%	60%
5	资金成本率	20%	20%	20%
6	坏账损失率	2%	3%	2%
7	收账费用	20	40	30
8	现金折扣	0	0	28.08
9	应收账款周转率	18	9	15
10	应收账款平均余额	120	270	162
11	维持赊销业务所需资金	72	162	97.2
12	应收账款机会成本	14.4	32.4	19.44
13	坏账损失	43.2	72.9	48.6
14	变动成本			
15	信用成本前收益			
16	信用成本			
17	信用成本后收益			

现金管理模型 应收账款管理模型 Sh

图 6-11 坏账损失的计算

8. 计算变动成本

在 B14 单元格中输入公式：=B3 * B4，拖动填充柄复制公式至 D14，则计算得到各方案的变动成本，如图 6-12 所示。

B14 =B3*B4

	A	B	C	D
1	信用条件分析决策表			
2	方案	甲 (N/20)	乙 (N/40)	丙 (2/15,1/30,N/40)
3	年赊销额	2160	2430	2430
4	变动成本率	60%	60%	60%
5	资金成本率	20%	20%	20%
6	坏账损失率	2%	3%	2%
7	收账费用	20	40	30
8	现金折扣	0	0	28.08
9	应收账款周转率	18	9	15
10	应收账款平均余额	120	270	162
11	维持赊销业务所需资金	72	162	97.2
12	应收账款机会成本	14.4	32.4	19.44
13	坏账损失	43.2	72.9	48.6
14	变动成本	1296	1458	1458
15	信用成本前收益			
16	信用成本			
17	信用成本后收益			

现金管理模型 应收账款管理模型 Sh

图 6-12 变动成本的计算

9. 计算信用成本前收益

在 B15 单元格中输入公式：＝B3－B8－B14，拖动填充柄复制公式至 D15，则计算得到各方案信用成本前收益，如图 6-13 所示。

B15　=B3-B8-B14

	A	B	C	D
1	信用条件分析决策表			
2	方案	甲 (N/20)	乙 (N/40)	丙 (2/15,1/30,N/40)
3	年赊销额	2160	2430	2430
4	变动成本率	60%	60%	60%
5	资金成本率	20%	20%	20%
6	坏账损失率	2%	3%	2%
7	收账费用	20	40	30
8	现金折扣	0	0	28.08
9	应收账款周转率	18	9	15
10	应收账款平均余额	120	270	162
11	维持赊销业务所需资金	72	162	97.2
12	应收账款机会成本	14.4	32.4	19.44
13	坏账损失	43.2	72.9	48.6
14	变动成本	1296	1458	1458
15	信用成本前收益	864	972	943.92
16	信用成本			
17	信用成本后收益			

现金管理模型　应收账款管理模型　Sh

图 6-13　信用成本前收益的计算

10. 计算信用成本

在 B16 单元格中输入公式：＝B7＋B12＋B13，拖动填充柄复制公式至 D16，则计算得到各方案信用成本，如图 6-14 所示。

B16　=B7+B12+B13

	A	B	C	D
1	信用条件分析决策表			
2	方案	甲 (N/20)	乙 (N/40)	丙 (2/15,1/30,N/40)
3	年赊销额	2160	2430	2430
4	变动成本率	60%	60%	60%
5	资金成本率	20%	20%	20%
6	坏账损失率	2%	3%	2%
7	收账费用	20	40	30
8	现金折扣	0	0	28.08
9	应收账款周转率	18	9	15
10	应收账款平均余额	120	270	162
11	维持赊销业务所需资金	72	162	97.2
12	应收账款机会成本	14.4	32.4	19.44
13	坏账损失	43.2	72.9	48.6
14	变动成本	1296	1458	1458
15	信用成本前收益	864	972	943.92
16	信用成本	77.6	145.3	98.04
17	信用成本后收益			

现金管理模型　应收账款管理模型　Sh

图 6-14　信用成本的计算

11. 计算信用成本后收益

在 B17 单元格中输入公式：=B15－B16，拖动填充柄复制公式至 D17，则计算得到各方案信用成本后收益，如图 6-15 所示。

B17 | fx =B15-B16

	A	B	C	D
1	信用条件分析决策表			
2	方案	甲（N/20）	乙（N/40）	丙（2/15,1/30,N/40）
3	年赊销额	2160	2430	2430
4	变动成本率	60%	60%	60%
5	资金成本率	20%	20%	20%
6	坏账损失率	2%	3%	2%
7	收账费用	20	40	30
8	现金折扣	0	0	28.08
9	应收账款周转率	18	9	15
10	应收账款平均余额	120	270	162
11	维持赊销业务所需资金	72	162	97.2
12	应收账款机会成本	14.4	32.4	19.44
13	坏账损失	43.2	72.9	48.6
14	变动成本	1296	1458	1458
15	信用成本前收益	864	972	943.92
16	信用成本	77.6	145.3	98.04
17	信用成本后收益	786.4	826.7	845.88

现金管理模型 | 应收账款管理模型 | She

图 6-15 信用成本后收益的计算

12. 比较三个方案

如图 6-16 所示。

A18 | fx 经过分析比较，丙方案的收益最高，故丙方案为最佳方案

	A	B	C	D
4	变动成本率	60%	60%	60%
5	资金成本率	20%	20%	20%
6	坏账损失率	2%	3%	2%
7	收账费用	20	40	30
8	现金折扣	0	0	28.08
9	应收账款周转率	18	9	15
10	应收账款平均余额	120	270	162
11	维持赊销业务所需资金	72	162	97.2
12	应收账款机会成本	14.4	32.4	19.44
13	坏账损失	43.2	72.9	48.6
14	变动成本	1296	1458	1458
15	信用成本前收益	864	972	943.92
16	信用成本	77.6	145.3	98.04
17	信用成本后收益	786.4	826.7	845.88
18–19	经过分析比较，丙方案的收益最高，故丙方案为最佳方案			

现金管理模型 | 应收账款管理模型 | She

图 6-16 方案比较

由图 6-16 可知，丙方案收益最高，故为最佳方案，

实验 6.3　存货管理

6.3.1　实验案例

A 公司需要购入甲、乙、丙三种材料。其中：甲材料年需要量为 4 000 千克，单位成本为 20 元，单位存储成本为 2 元，一次订货成本为 40 元，销货方规定每次购买量不足 1 000 千克的按成本价计算，1 000 千克以上的价格优惠 2%，2 000 千克以上的价格优惠 3%；乙材料年需要量为 4 500 千克，单位成本为 25 元，单位存储成本为 3 元，一次订货成本为 30 元，销货方规定每次购买量不足 1 500 千克的按成本价计算，1 500 千克以上的价格优惠 2%，3 000 千克以上的价格优惠 3%；丙材料年需要量为 4 800 千克，单位成本为 30 元，单位存储成本为 4 元，一次订货成本为 24 元，销货方规定每次购买量不足 1 600 千克的按成本价计算，1 600 千克以上的价格优惠 2%，3 200 千克以上的价格优惠 3%。要求计算无价格折扣下的各材料成本，并比较有折扣下的各材料成本。

6.3.2　实验目的

存货控制或管理效率的高低，直接反映并决定着企业收益、风险、流动性的综合水平。本实验通过建立存货经济批量模型，权衡存货成本和收益，确定最优订货批量。

6.3.3　知识预备

本实验涉及的公式：

$$\text{每年最佳进货数量} = \sqrt{\frac{2 \times \text{每次订货成本} \times \text{年需要量}}{\text{单位储存成本}}}$$

每年最佳订货次数 = 年需求量 / 每年最佳进货数量

最佳订货周期 = 360/ 每年最佳订货次数

存在数量折扣时的存货成本总额 = 订货成本 + 存储成本 + 进价成本

6.3.4　操作步骤

本实验的操作步骤如下：

(1) 建立工作表，输入数据；

(2) 计算每年最佳进货批量；

(3) 计算每年最佳订货次数；

(4) 计算最佳订货周期；

(5) 计算无商业折扣的存货总成本；

(6) 计算 2%折扣的存货总成本；

(7) 计算 3%折扣的存货总成本；

(8) 比较存货总成本。

具体操作如下：

1. 建立一个工作表

在"Sheet3"工作表中建立存货管理决策表,并将有关数据整理至表中,如图 6-17 所示。

A1　f_x　存货管理决策表

	A	B	C	D
1	存货管理决策表			
2	项目	甲	乙	丙
3	年需要量	4000	4500	4800
4	单位成本	20	25	30
5	单位存储成本	2	3	4
6	一次订货成本	40	30	24
7	最佳进货批量			
8	最佳订货次数			
9	最佳订货周期			
10	无商业折扣的存货总成本			
11	2%折扣的存货总成本			
12	3%折扣的存货总成本			

存货管理模型

图 6-17　建立工作表

2. 计算每年最佳进货批量

在 B7 单元格中输入公式:=SQRT(2 * B3 * B6/B5),拖动填充柄复制公式至 D7,则计算得出各材料的最佳进货批量,如图 6-18 所示。

B7　f_x　=SQRT(2*B3*B6/B5)

	A	B	C	D
1	存货管理决策表			
2	项目	甲	乙	丙
3	年需要量	4000	4500	4800
4	单位成本	20	25	30
5	单位存储成本	2	3	4
6	一次订货成本	40	30	24
7	最佳进货批量	400	300	240
8	最佳订货次数			
9	最佳订货周期			
10	无商业折扣的存货总成本			
11	2%折扣的存货总成本			
12	3%折扣的存货总成本			
13				

存货管理模型

图 6-18　每年最佳进货批量的计算

3. 计算每年最佳订货次数

在 B8 单元格中输入公式:=B3/B7,拖动填充柄复制公式至 D8,则计算得出各材料的最佳订货次数,如图 6-19 所示。

B8 =B3/B7

	A	B	C	D
1	存货管理决策表			
2	项目	甲	乙	丙
3	年需要量	4000	4500	4800
4	单位成本	20	25	30
5	单位存储成本	2	3	4
6	一次订货成本	40	30	24
7	最佳进货批量	400	300	240
8	最佳订货次数	10	15	20
9	最佳订货周期			
10	无商业折扣的存货总成本			
11	2%折扣的存货总成本			
12	3%折扣的存货总成本			
13				

存货管理模型

图 6-19　每年最佳订货次数的计算

4. 计算最佳订货周期

在 B9 单元格中输入公式：=360/B8，拖动填充柄复制公式至 D9，则计算得出各材料的最佳订货周期，如图 6-20 所示。

B9 =360/B8

	A	B	C	D
1	存货管理决策表			
2	项目	甲	乙	丙
3	年需要量	4000	4500	4800
4	单位成本	20	25	30
5	单位存储成本	2	3	4
6	一次订货成本	40	30	24
7	最佳进货批量	400	300	240
8	最佳订货次数	10	15	20
9	最佳订货周期	36	24	18
10	无商业折扣的存货总成本			
11	2%折扣的存货总成本			
12	3%折扣的存货总成本			
13				

存货管理模型

图 6-20　最佳订货周期的计算

5. 计算无商业折扣的存货总成本

在 B10 单元格中输入公式：=B3 * B4+(B3/B7) * B6+(B7/2) * B5，拖动填充柄复制公式至 D10，则计算得出各材料无商业折扣下的存货总成本，如图 6-21 所示。

6. 计算 2% 折扣的存货总成本

在 B11 单元格中输入公式：=B3 * B4 * (1−2%)+(B3/1000) * B6+(1000/2) * B5，在 C11 单元格中输入公式：=C3 * C4 * (1−2%)+(C3/1500) * C6+(1500/2) * C5，在

B10 fx =B3*B4+(B3/B7)*B6+(B7/2)*B5

存货管理决策表			
项目	甲	乙	丙
年需要量	4000	4500	4800
单位成本	20	25	30
单位存储成本	2	3	4
一次订货成本	40	30	24
最佳进货批量	400	300	240
最佳订货次数	10	15	20
最佳订货周期	36	24	18
无商业折扣的存货总成本	80800	113400	144960
2%折扣的存货总成本			
3%折扣的存货总成本			

存货管理模型

图 6-21 无商业折扣的存货总成本的计算

D11 单元格中输入公式：=D3 * D4 * (1－2%)＋(D3/1600) * D6＋(1600/2) * D5,则计算得出各材料 2%折扣的存货总成本,如图 6-22 所示。

B11 fx =B3*B4*(1-2%)+(B3/1000)*B6+(1000/2)*B5

存货管理决策表			
项目	甲	乙	丙
年需要量	4000	4500	4800
单位成本	20	25	30
单位存储成本	2	3	4
一次订货成本	40	30	24
最佳进货批量	400	300	240
最佳订货次数	10	15	20
最佳订货周期	36	24	18
无商业折扣的存货总成本	80800	113400	144960
2%折扣的存货总成本	79560	112590	144392
3%折扣的存货总成本			

存货管理模型

图 6-22 2%折扣的存货总成本的计算

7. 计算 3% 折扣的存货总成本

在 B12 单元格中输入公式：=B3 * B4 * (1－3%)＋(B3/2000) * B6＋(2000/2) * B5,在 C12 单元格中输入公式：=C3 * C4 * (1－3%)＋(C3/3000) * C6＋(3000/2) * C5,在 D12 单元格中输入公式：=D3 * D4 * (1－3%)＋(D3/3200) * D6＋(3200/2) * D5,则计算得出各材料 3%折扣的存货总成本,如图 6-23 所示。

8. 比较存货总成本

在各种价格条件下的批量范围内,甲、乙、丙三种材料在 2%价格折扣时的存货成本总额最低,如图 6-24 所示。

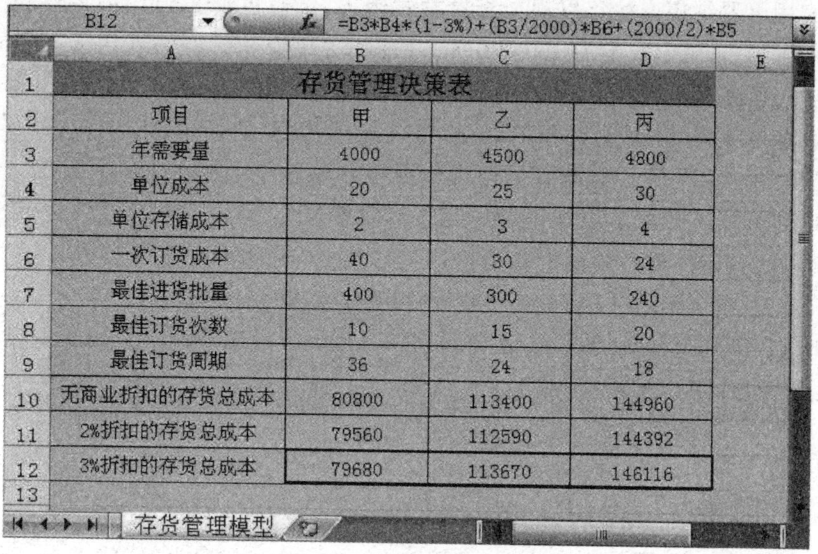

B12　=B3*B4*(1-3%)+(B3/2000)*B6+(2000/2)*B5

存货管理决策表			
项目	甲	乙	丙
年需要量	4000	4500	4800
单位成本	20	25	30
单位存储成本	2	3	4
一次订货成本	40	30	24
最佳进货批量	400	300	240
最佳订货次数	10	15	20
最佳订货周期	36	24	18
无商业折扣的存货总成本	80800	113400	144960
2%折扣的存货总成本	79560	112590	144392
3%折扣的存货总成本	79680	113670	146116

存货管理模型

图 6-23　3%折扣的存货总成本的计算

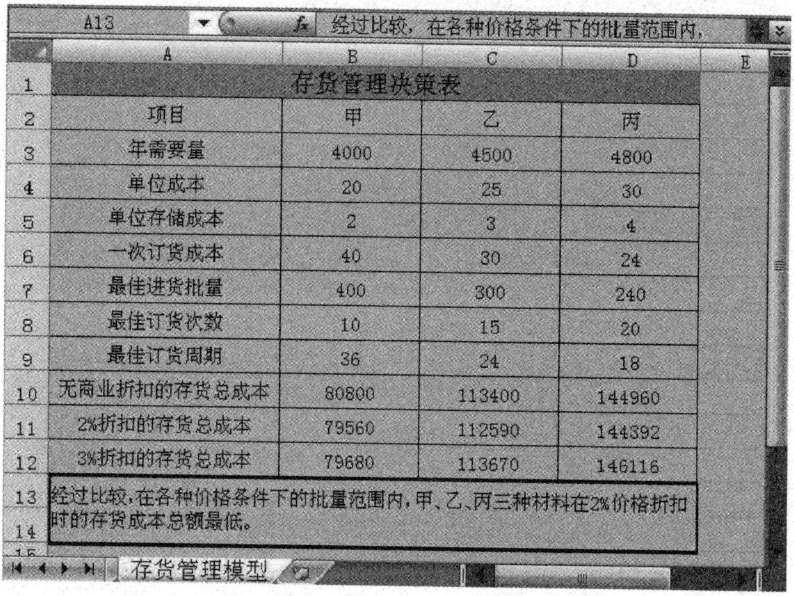

A13　经过比较，在各种价格条件下的批量范围内,

存货管理决策表			
项目	甲	乙	丙
年需要量	4000	4500	4800
单位成本	20	25	30
单位存储成本	2	3	4
一次订货成本	40	30	24
最佳进货批量	400	300	240
最佳订货次数	10	15	20
最佳订货周期	36	24	18
无商业折扣的存货总成本	80800	113400	144960
2%折扣的存货总成本	79560	112590	144392
3%折扣的存货总成本	79680	113670	146116
经过比较,在各种价格条件下的批量范围内,甲、乙、丙三种材料在2%价格折扣时的存货成本总额最低。			

存货管理模型

图 6-24　比较存货总成本

【应用与练习】

1. 已知某企业现金收支平稳,预计全年现金需要量为 400 000 元,现金与有价证券转换成本每次 200 元,有价证券利率 10%。要求:

(1) 计算最佳现金持有量;

(2) 计算最低现金管理成本、转换成本、持有机会成本;

(3) 计算有价证券交易次数、有价证券交易间隔期。

2. 某家用电器销售商往年以现金交易方式销售,年销售量 2 500 件,商品单价 900 元,变动成本率为 50%,固定成本为 100 000 元,坏账损失率为 3%,收账费用为 25 000 元,资金成本为 20%。现决定使用现金折扣方案,信用期为 1 个月,条件为“2/10,1/20,N/30”,其中估计 60%的客户会利用 2%的折扣,25%的客户会利用 1%的折扣,坏账损失率下降到 2%,收账费用下降到 18 000 元。试判断采用现金折扣方案是否合理。

3. 某厂商每月需要进 5 000 件商品,每次订货费用为 300 元,单位库存费用为 5 元,商品价格为 20 元,具体的商品数量折扣为:0 ～1 000 件,折扣为 0%;1 000～2 500 件,折扣为 5%;2 500～4 000 件,折扣为 8%;4 000 件以上,折扣为 12%。

试分析该厂商的最佳订货批量,并判断若厂商最大限度享受数量折扣的优惠,订货量定为 4 000 件是否合适。

第7章 资本成本和资本结构

资本成本是指企业为筹集和使用资本而付出的代价，包括筹资费用和占用费用。资本成本是衡量资本结构优化程度的标准，也是对投资获得经济效益的最低要求。企业筹得的资本付诸使用以后，只有投资报酬率高于资本成本，才能表明所筹集的资本取得了较好的经济效益。

实验 7.1 个别资本成本和综合资本成本计算

7.1.1 实验案例

某企业因发展需要，准备筹资 2 300 万元。其中，计划向银行长期借款 400 万元，年利率为 8%，筹资费用率为 2%；发行债券筹集 600 万元，票面年利率为 10%，发行费用率为 3%；发行优先股筹集 300 万元，年股息率为 14%，发行费用率为 4%；发行普通股筹集 1 000 万元，预计第一年股利率为 12%，之后每年增长率为 1%，发行费用率为 4%；留存收益为 200 万元，资本成本计算同普通股，但不考虑筹资费用。所得税率为 25%，求各筹资方式的个别资本成本及其综合资本成本。

7.1.2 实验目的

资本成本是企业选择资金来源、确定筹资方案的重要依据，也是企业评价投资项目、投资决策取舍的重要标准。本实验通过计算个别资本成本和综合资本成本为筹资决策提供依据。

7.1.3 知识预备

本实验将运用到 SUMPRODUCT 函数。

SUMPRODUCT 函数：在给定的几组数组中，将数组间对应的元素相乘，并返回乘积之和。

语法格式：SUMPRODUCT(array1,array2,array3,…)。

array1，array2，array3,…为 2 到 255 个数组，其相应元素需要进行相乘并求和。其中，数组参数必须具有相同的维数，否则，函数 SUMPRODUCT 将

返回错误值 #VALUE!。函数 SUMPRODUCT 将非数值型的数组元素作为 0 处理。

实验中涉及以下计算公式:

长期借款成本 $K_1 = R_1(1-T)/(1-F_1)$,其中:

R_1——长期借款利率;

T——所得税率;

F_1——长期借款筹资费用率。

债券成本 $K_b = R_b(1-T)/(1-F_b)$,其中:

R_b——债券利率;

T——所得税率;

F_b——债券筹资费用率。

优先股成本 $K_p = R_p/(1-F_p)$,其中:

R_p——年股利率;

F_p——优先股筹资费用率。

普通股成本 $K_s = R_c/(1-F_c)+G$,其中:

R_c——年股利率;

F_c——普通股筹资费用率;

G——股利年增长率。

留存收益 $K_r = R_c + G$,同普通股成本计算基本相同,只是不考虑筹资费用。

综合资本成本即对个别资本成本进行加权平均来确定。

7.1.4 操作步骤

本实验的操作步骤如下:

(1) 建立工作簿,输入数据;

(2) 计算资本比重;

(3) 计算个别资本成本;

(4) 计算综合资本成本。

具体操作如下:

1. 创建一个工作簿

建立个别资本成本和综合资本成本计算表格,输入数据,如图 7-1 所示。

A1 fx 个别资本成本和综合资本成本计算

	A	B	C	D	E	F
1	个别资本成本和综合资本成本计算					
2	筹资方式	长期借款	长期债券	优先股	普通股	留存收益
3	筹资额	400	600	300	1000	200
4	年利率	8%	10%	/	/	/
5	年(第1年)股利率	/	/	14%	12%	12%
6	年股利增长率	/	/	/	1%	1%
7	筹资费用率	1%	3%	4%	4%	/
8	所得税率	25%	25%	/	/	/
9	资本比重					
10	个别资本成本					
11	综合资本成本					

Sheet1 Sheet2 Sheet3

图 7-1 创建工作簿

2. 计算资本比重

在单元格 B9 中输入公式：＝B3/SUM(＄B＄3:＄F＄3)，拖动填充柄复制公式至单元格 F9，则可得到各筹资方式资本比重，如图 7-2 所示。

B9　=B3/SUM($B$3:$F$3)

	A	B	C	D	E	F
1		个别资本成本和综合资本成本计算				
2	筹资方式	长期借款	长期债券	优先股	普通股	留存收益
3	筹资额	400	600	300	1000	200
4	年利率	8%	10%	/	/	/
5	年（第1年）股利率	/	/	14%	12%	12%
6	年股利增长率	/	/	/	1%	1%
7	筹资费用率	1%	3%	4%	4%	/
8	所得税率	25%	25%	/	/	/
9	资本比重	0.16	0.24	0.12	0.40	0.08
10	个别资本成本					
11	综合资本成本					

Sheet1　Sheet2　Sheet3

图 7-2　资本比重的计算

3. 计算长期借款的资本成本

在单元格 B10 中输入公式：＝B4＊(1－B8)/(1－B7)，确定后得到计算结果，如图 7-3 所示。

B10　=B4*(1-B8)/(1-B7)

	A	B	C	D	E	F
1		个别资本成本和综合资本成本计算				
2	筹资方式	长期借款	长期债券	优先股	普通股	留存收益
3	筹资额	400	600	300	1000	200
4	年利率	8%	10%	/	/	/
5	年（第1年）股利率	/	/	14%	12%	12%
6	年股利增长率	/	/	/	1%	1%
7	筹资费用率	1%	3%	4%	4%	/
8	所得税率	25%	25%	/	/	/
9	资本比重	0.16	0.24	0.12	0.40	0.08
10	个别资本成本	6.06%				
11	综合资本成本					

Sheet1　Sheet2　Sheet3

图 7-3　长期借款的资本成本的计算

4. 计算长期债券的资本成本

在单元格 C10 中输入公式：＝C4＊(1－C8)/(1－C7)，确定后得到计算结果，如图 7-4 所示。

5. 计算优先股的资本成本

在单元格 D10 中输入公式：＝D5/(1－D7)，则得到计算结果，如图 7-5 所示。

6. 计算普通股的资本成本

在单元格 E10 中输入公式：＝E5/(1－E7)＋E6，则得到计算结果，如图 7-6 所示。

C10 =C4*(1-C8)/(1-C7)

	A	B	C	D	E	F
1	个别资本成本和综合资本成本计算					
2	筹资方式	长期借款	长期债券	优先股	普通股	留存收益
3	筹资额	400	600	300	1000	200
4	年利率	8%	10%	/	/	/
5	年(第1年)股利率	/	/	14%	12%	12%
6	年股利增长率	/	/	/	1%	1%
7	筹资费用率	1%	3%	4%	4%	/
8	所得税率	25%	25%	/	/	/
9	资本比重	0.16	0.24	0.12	0.40	0.08
10	个别资本成本	6.06%	7.73%			
11	综合资本成本					

Sheet1 Sheet2 Sheet3

图 7-4 长期债券的资本成本的计算

D10 =D5/(1-D7)

	A	B	C	D	E	F
1	个别资本成本和综合资本成本计算					
2	筹资方式	长期借款	长期债券	优先股	普通股	留存收益
3	筹资额	400	600	300	1000	200
4	年利率	8%	10%	/	/	/
5	年(第1年)股利率	/	/	14%	12%	12%
6	年股利增长率	/	/	/	1%	1%
7	筹资费用率	1%	3%	4%	4%	/
8	所得税率	25%	25%	/	/	/
9	资本比重	0.16	0.24	0.12	0.40	0.08
10	个别资本成本	6.06%	7.73%	14.58%		
11	综合资本成本					

Sheet1 Sheet2 Sheet3

图 7-5 优先股的资本成本的计算

E10 =E5/(1-E7)+E6

	A	B	C	D	E	F
1	个别资本成本和综合资本成本计算					
2	筹资方式	长期借款	长期债券	优先股	普通股	留存收益
3	筹资额	400	600	300	1000	200
4	年利率	8%	10%	/	/	/
5	年(第1年)股利率	/	/	14%	12%	12%
6	年股利增长率	/	/	/	1%	1%
7	筹资费用率	1%	3%	4%	4%	/
8	所得税率	25%	25%	/	/	/
9	资本比重	0.16	0.24	0.12	0.40	0.08
10	个别资本成本	6.06%	7.73%	14.58%	13.50%	
11	综合资本成本					

Sheet1 Sheet2 Sheet3

图 7-6 普通股的资本成本的计算

7. 计算留存收益的资本成本

在单元格 F10 中输入公式：=F5+F6，则得到计算结果，如图 7-7 所示。

8. 计算综合资本成本

在单元格 B11 中输入公式：=SUMPRODUCT(B9:F9,B10:F10)，则得到计算结果，如图 7-8 所示。

F10　=F5+F6

	A	B	C	D	E	F
1	个别资本成本和综合资本成本计算					
2	筹资方式	长期借款	长期债券	优先股	普通股	留存收益
3	筹资额	400	600	300	1000	200
4	年利率	8%	10%	/	/	/
5	年（第1年）股利率	/	/	14%	12%	12%
6	年股利增长率	/	/	/	1%	1%
7	筹资费用率	1%	3%	4%	4%	/
8	所得税率	25%	25%	/	/	/
9	**资本比重**	0.16	0.24	0.12	0.40	0.08
10	**个别资本成本**	6.06%	7.73%	14.58%	13.50%	13.00%
11	**综合资本成本**					

Sheet1 Sheet2 Sheet3

图 7-7　留存收益的资本成本的计算

B11　=SUMPRODUCT(B9:F9,B10:F10)

	A	B	C	D	E	F
1	个别资本成本和综合资本成本计算					
2	筹资方式	长期借款	长期债券	优先股	普通股	留存收益
3	筹资额	400	600	300	1000	200
4	年利率	8%	10%	/	/	/
5	年（第1年）股利率	/	/	14%	12%	12%
6	年股利增长率	/	/	/	1%	1%
7	筹资费用率	1%	3%	4%	4%	/
8	所得税率	25%	25%	/	/	/
9	**资本比重**	0.16	0.24	0.12	0.40	0.08
10	**个别资本成本**	6.06%	7.73%	14.58%	13.50%	13.00%
11	**综合资本成本**	11.02%				

Sheet1 Sheet2 Sheet3

图 7-8　综合资本成本的计算

实验 7.2　边际资本成本计算

7.2.1　实验案例

某公司拥有长期资金 400 万元，其中长期借款 60 万元，长期债券 100 万元，普通股 240 万元。由于扩大经营规模的需要，拟筹集新资金。经分析，认为筹集新资金后仍应保持目前的资本结构，即长期借款占 15%，长期债券占 25%，普通股占 60%，并测算出随筹资的增加，各种资本成本的变化见表 7-1。

表 7-1　筹资规模与资本成本

资 金 种 类	目标资本结构/%	新 筹 资 额	资本成本/%
长期借款	15	45 000 元内	3
		45 000～90 000 元	5
		90 000 元以上	7
长期债券	25	200 000 元内	10
		200 000～400 000 元	11
		400 000 元以上	12
普通股	60	300 000 元内	13
		300 000～600 000 元	14
		600 000 元以上	15

要求：计算边际资本成本。

7.2.2 实验目的

企业无法以某一固定资本成本来筹措无限的资金，当其筹集的资金超过一定限度时原来的资本成本就会增加，本实验将通过计算各种情况下的筹资突破点来说明边际资本成本的变化情况。

7.2.3 知识预备

本实验将运用到 SUMPRODUCT 函数。参数说明可参阅 7.1.3。

筹资突破点＝可用某一特定成本率筹集到的某种资金额/该种资金在资本结构中所占的比重。

7.2.4 操作步骤

本实验的操作步骤如下：

(1) 建立工作簿，输入数据；

(2) 计算筹资突破点；

(3) 建立表格，计算边际资本成本；

(4) 绘制图表。

具体操作如下：

1. 创建一个工作簿

首先创建一个工作簿，建立筹资突破点计算表格，输入数据，如图 7-9 所示。

A1 筹资突破点计算

	A	B	C	D	E
1	筹资突破点计算				
2	资金种类	资本结构/%	资本成本/%	新筹资额	筹资突破点/元
3	长期借款	15	3	45000元内	
4			5	45000-90000元	
5			7	90000元以上	
6	长期债券	25	10	200000元内	
7			11	200000-400000元	
8			12	400000元以上	
9	普通股	60	13	300000元内	
10			14	300000-600000元	
11			15	600000元以上	
12					

Sheet1 Sheet2 Sheet3

图 7-9 创建工作簿

2. 计算筹资突破点

在单元格 E3 中输入公式：＝45000/$B$3*100，则可计算出相对应的筹资突破点，同理，在单元格 E4 中输入公式：＝90000/$B$3*100，E6 中输入公式：＝200000/$B$6*100，E7 中输入公式：＝400000/$B$6*100，E9 中输入公式：＝300000/$B$9*100，E10 中输入公式：＝600000/$B$9*100，则可计算得到各筹资突破点，如图 7-10 所示。

	A	B	C	D	E
1	筹资突破点计算				
2	资金种类	资本结构/%	资本成本/%	新筹资额	筹资突破点/元
3	长期借款	15	3	45000元内	300000
4			5	45000-90000元	600000
5			7	90000元以上	-
6	长期债券	25	10	200000元内	800000
7			11	200000-400000元	1600000
8			12	400000元以上	-
9	普通股	60	13	300000元内	500000
10			14	300000-600000元	1000000
11			15	600000元以上	

图 7-10　筹资突破点的计算

3. 建立边际资本成本计算表格

根据所计算出的筹资突破点，可以得到 7 组筹资总额范围，结合已知条件则可建立边际资本成本计算表格，如图 7-11 所示。

	G	H	I	J	K
1	边际资本成本计算				
2	筹资总范围	资金种类	资本结构/%	资本成本/%	边际资本成本
3	300000元内	长期借款	15	3	
4		长期债券	25	10	
5		普通股	60	13	
6	300000-500000元	长期借款	15	5	
7		长期债券	25	10	
8		普通股	60	13	
9	500000-600000元	长期借款	15	5	
10		长期债券	25	10	
11		普通股	60	14	
12	600000-800000元	长期借款	15	7	
13		长期债券	25	10	
14		普通股	60	14	
15	800000-1000000元	长期借款	15	7	
16		长期债券	25	11	
17		普通股	60	14	
18	1000000-1600000元	长期借款	15	7	
19		长期债券	25	11	
20		普通股	60	15	
21	1600000元以上	长期借款	15	7	
22		长期债券	25	12	
23		普通股	60	15	

图 7-11　建立边际资本成本计算表格

4. 计算边际资本成本

在单元格 K3 中输入公式:=SUMPRODUCT(I3:I5,J3:J5)/10000,拖动填充柄复制公式至单元格 K21,则可得到各筹资范围的边际资本成本,如图 7-12 所示。

K3 =SUMPRODUCT(I3:I5,J3:J5)/10000

	G	H	I	J	K	L
1	边际资本成本计算					
2	筹资总范围	资金种类	资本结构/%	资本成本/%	边际资本成本	
3	300000元内	长期借款	15	3	10.75%	
4		长期债券	25	10		
5		普通股	60	13		
6	300000-500000元	长期借款	15	5	11.05%	
7		长期债券	25	10		
8		普通股	60	13		
9	500000-600000元	长期借款	15	5	11.65%	
10		长期债券	25	10		
11		普通股	60	14		
12	600000-800000元	长期借款	15	7	11.95%	
13		长期债券	25	10		
14		普通股	60	14		
15	800000-1000000元	长期借款	15	7	12.20%	
16		长期债券	25	11		
17		普通股	60	14		
18	1000000-1600000元	长期借款	15	7	12.80%	
19		长期债券	25	11		
20		普通股	60	15		
21	1600000元以上	长期借款	15	7	13.05%	
22		长期债券	25	12		
23		普通股	60	15		
24						

Sheet1 Sheet2 Sheet3

图 7-12 边际资本成本的计算

5. 绘制边际资本成本变化示意图

根据计算所得的边际资本成本插入一个三维柱形图,并进行调整,如图 7-13 所示。

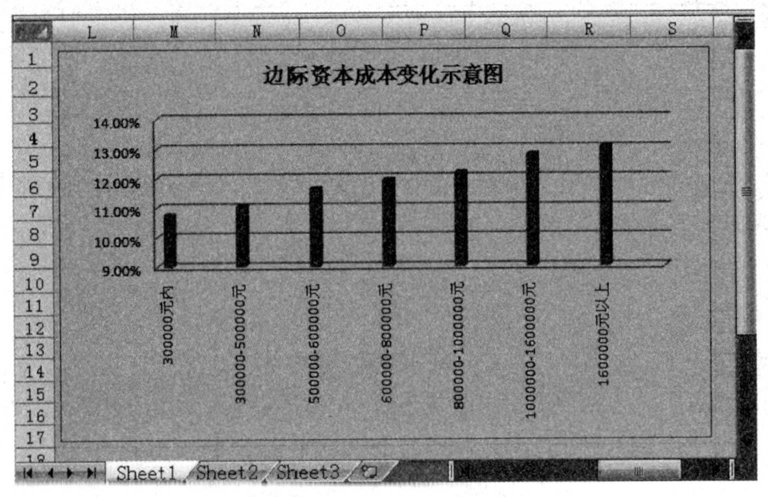

图 7-13 绘制边际资本成本变化示意图

实验 7.3 杠杆系数的计算及分析

7.3.1 实验案例

甲公司 2010 年销售收入 3 000 万元，变动成本为 1 000 万元，固定成本为 800 万元，利息费用为 400 万元，普通股总股本 1 800 万股，所得税率为 25%。公司预测 2011 年销售收入将会有 30%的增长幅度，其他条件不变。

要求：计算两年的经营杠杆系数 DOL、财务杠杆系数 DFL 及复合杠杆系数 DTL。

7.3.2 实验目的

财务管理中的杠杆原理是指由于固定费用的存在，当业务量发生较小的变化时，利润会产生较大的变化。本实验通过计算息税前利润、净利润、每股收益等指标，分析企业的经营杠杆系数、财务杠杆系数和复合杠杆系数，来衡量企业的杠杆效应。

7.3.3 知识预备

实验中涉及的计算公式：

息税前利润 = 销售收入 − 变动成本 − 固定成本

净利润 =（息税前利润 − 利息费用）×（1 − 所得税税率）

每股收益 = 净利润 / 总股本

经营杠杆系数 DOL = 息税前利润变动率 / 销售额变动率

财务杠杆系数 DFL = 普通股每股收益变动率 / 息税前利润变动率

复合杠杆系数 DTL = 普通股每股收益变动率 / 销售额变动率

7.3.4 操作步骤

本实验的操作步骤如下：

(1) 创建工作簿，建立工作表格并输入数据；

(2) 计算销售收入和变动成本；

(3) 计算息税前利润；

(4) 计算净利润；

(5) 计算每股收益；

(6) 计算变动率；

(7) 计算经营杠杆系数；

(8) 计算财务杠杆系数；

(9) 计算复合杠杆系数。

具体操作如下：

1. 创建一个工作簿

建立杠杆系数计算表格，将已知数据输入表格中，如图 7-14 所示。

A1 杠杆系数计算

	A	B	C	D
1	杠杆系数计算			
2	项目	2010年值	2011年预计值	变动率
3	销售收入	3000		0.3
4	变动成本	1000		0.3
5	固定成本	800	800	
6	利息费用	400	400	
7	总股本	1800	1800	
8	所得税率	0.25	0.25	
9	息税前利润			
10	净利润			
11	每股收益			
12	经营杠杆系数			
13	财务杠杆系数			
14	复合杠杆系数			

Sheet1 Sheet2 Sheet

图 7-14 创建工作簿

2. 计算销售收入和变动成本

在单元格 C3 中输入公式：=B3 * (1+D3)，得到销售收入，拖动填充柄复制公式至单元格 C4，则可计算得到变动成本，如图 7-15 所示。

C3 =B3*(1+D3)

	A	B	C	D
1	杠杆系数计算			
2	项目	2010年值	2011年预计值	变动率
3	销售收入	3000	3900	0.3
4	变动成本	1000	1300	0.3
5	固定成本	800	800	
6	利息费用	400	400	
7	总股本	1800	1800	
8	所得税率	0.25	0.25	
9	息税前利润			
10	净利润			
11	每股收益			
12	经营杠杆系数			
13	财务杠杆系数			
14	复合杠杆系数			

Sheet1 Sheet2 Sheet

图 7-15 销售收入和变动成本的计算

3. 计算息税前利润

在单元格 B9 中输入公式：=B3－B4－B5，拖动填充柄复制公式至单元格 C9，则得到息税前利润，如图 7-16 所示。

4. 计算净利润

在单元格 B10 中输入公式：=(B9－B6) * (1－B8)，拖动填充柄复制公式至单元格 C10，则得到净利润，如图 7-17 所示。

B9　f_x　=B3-B4-B5

	A	B	C	D
1	杠杆系数计算			
2	项目	2010年值	2011年预计值	变动率
3	销售收入	3000	3900	0.3
4	变动成本	1000	1300	0.3
5	固定成本	800	800	
6	利息费用	400	400	
7	总股本	1800	1800	
8	所得税率	0.25	0.25	
9	息税前利润	1200	1800	
10	净利润			
11	每股收益			
12	经营杠杆系数			
13	财务杠杆系数			
14	复合杠杆系数			

Sheet1　Sheet2　Sheet

图 7-16　息税前利润的计算

B10　f_x　=(B9-B6)*(1-B8)

	A	B	C	D
1	杠杆系数计算			
2	项目	2010年值	2011年预计值	变动率
3	销售收入	3000	3900	0.3
4	变动成本	1000	1300	0.3
5	固定成本	800	800	
6	利息费用	400	400	
7	总股本	1800	1800	
8	所得税率	0.25	0.25	
9	息税前利润	1200	1800	
10	净利润	600	1050	
11	每股收益			
12	经营杠杆系数			
13	财务杠杆系数			
14	复合杠杆系数			

Sheet1　Sheet2　Sheet

图 7-17　净利润的计算

5. 计算每股收益

在单元格 B11 中输入公式：=B10/B7，拖动填充柄复制公式至单元格 C11，则得到每股收益，如图 7-18 所示。

6. 计算变动率

在单元格 D9 中输入公式：=C9/B9－1，拖动填充柄复制公式至单元格 D11，则得到对应的变动率，如图 7-19 所示。

7. 计算经营杠杆系数

在单元格 B12 中输入公式：=D9/D3，则得到经营杠杆系数，如图 7-20 所示。

B11 =B10/B7

	A	B	C	D
1	杠杆系数计算			
2	项目	2010年值	2011年预计值	变动率
3	销售收入	3000	3900	0.3
4	变动成本	1000	1300	0.3
5	固定成本	800	800	
6	利息费用	400	400	
7	总股本	1800	1800	
8	所得税率	0.25	0.25	
9	息税前利润	1200	1800	
10	净利润	600	1050	
11	每股收益	0.33	0.58	
12	经营杠杆系数			
13	财务杠杆系数			
14	复合杠杆系数			

图 7-18 每股收益的计算

D9 =C9/B9-1

	A	B	C	D
1	杠杆系数计算			
2	项目	2010年值	2011年预计值	变动率
3	销售收入	3000	3900	0.3
4	变动成本	1000	1300	0.3
5	固定成本	800	800	
6	利息费用	400	400	
7	总股本	1800	1800	
8	所得税率	0.25	0.25	
9	息税前利润	1200	1800	0.5
10	净利润	600	1050	0.75
11	每股收益	0.33	0.58	0.75
12	经营杠杆系数			
13	财务杠杆系数			
14	复合杠杆系数			

图 7-19 变动率的计算

B12 =D9/D3

	A	B	C	D
1	杠杆系数计算			
2	项目	2010年值	2011年预计值	变动率
3	销售收入	3000	3900	0.3
4	变动成本	1000	1300	0.3
5	固定成本	800	800	
6	利息费用	400	400	
7	总股本	1800	1800	
8	所得税率	0.25	0.25	
9	息税前利润	1200	1800	0.5
10	净利润	600	1050	0.75
11	每股收益	0.33	0.58	0.75
12	经营杠杆系数	1.67		
13	财务杠杆系数			
14	复合杠杆系数			

图 7-20 经营杠杆系数的计算

8. 计算财务杠杆系数

在单元格 B13 中输入公式：＝D11/D9，则得到财务杠杆系数，如图 7-21 所示。

B13　=D11/D9

	A	B	C	D
1	杠杆系数计算			
2	项目	2010年值	2011年预计值	变动率
3	销售收入	3000	3900	0.3
4	变动成本	1000	1300	0.3
5	固定成本	800	800	
6	利息费用	400	400	
7	总股本	1800	1800	
8	所得税率	0.25	0.25	
9	息税前利润	1200	1800	0.5
10	净利润	600	1050	0.75
11	每股收益	0.33	0.58	0.75
12	经营杠杆系数	1.67		
13	财务杠杆系数	1.50		
14	复合杠杆系数			
15				

Sheet1 Sheet2 Sheet

图 7-21　财务杠杆系数的计算

9. 计算复合杠杆系数

在单元格 B14 中输入公式：＝D11/D3，则得到复合杠杆系数，如图 7-22 所示。

B14　=D11/D3

	A	B	C	D
2	项目	2010年值	2011年预计值	变动率
3	销售收入	3000	3900	0.3
4	变动成本	1000	1300	0.3
5	固定成本	800	800	
6	利息费用	400	400	
7	总股本	1800	1800	
8	所得税率	0.25	0.25	
9	息税前利润	1200	1800	0.5
10	净利润	600	1050	0.75
11	每股收益	0.33	0.58	0.75
12	经营杠杆系数	1.67		
13	财务杠杆系数	1.50		
14	复合杠杆系数	2.50		
15				
16				

Sheet1 Sheet2 Sheet

图 7-22　复合杠杆系数的计算

实验 7.4　最优资本结构分析

7.4.1　实验案例

甲公司年息税前利润为 500 万元，资金全部由普通股资金组成，股票账面价值为 2 000 万元。假设所得税率为 40%，该公司认为目前的资本结构不够合理，准备用发行债券购回部分股票的方法予以调整。经咨询调查，目前的债务利率及有关数据见表 7-2。

表 7-2　公司市场价值和资本成本

债券的市场价值 B/百万元	税前债券资金成本 K_b	股票 β 值	无风险报酬率 R_F	平均风险股票必要报酬率 R_m
0	0	1.20	0.10	0.14
2	0.10	1.25	0.10	0.14
4	0.10	1.30	0.10	0.14
6	0.12	1.40	0.10	0.14
8	0.14	1.55	0.10	0.14
10	0.16	2.10	0.10	0.14

要求：分析该公司的最佳资本结构。

7.4.2　实验目的

企业需要通过权衡财务风险与资本成本的关系，确定负债资本与权益资本之间的资本结构，一个合理的资本结构需要综合考虑影响资本结构的各种因素。本实验通过计算股票的市场价值及公司的市场价值等来分析公司的最佳资本结构。

7.4.3　知识预备

实验中涉及的计算公式如下：

股票的市场价值 $S=(EBIT-I)(1-T)/K_s$，其中：

K_s——权益资金成本；

K_s可采用资本资产定价模型计算，即 $K_s=R_F+\beta(R_m-R_F)$；

综合资金成本 $K_w=K_b(B/V)(1-T)+K_s(S/V)$，其中：

K_b——税前的债务资金资本。

7.4.4　操作步骤

本实验的操作步骤如下：

(1) 创建工作簿，建立工作表格并输入数据；

(2) 计算权益资金成本；

(3) 计算股票的市场价值；

(4) 计算公司的市场价值；

(5) 计算综合资金成本；

(6) 确定最优资本结构。

具体操作如下：

1. 创建一个工作簿

建立最优资本结构分析表格，将已知数据输入表格中，如图 7-23 所示。

2. 计算权益资金成本

在单元格 F5 中输入公式：=$B$3+C5*($D$3-$B$3)，拖动填充柄复制公式至单元格 F10，则得到权益资金成本，如图 7-24 所示。

	A	B	C	D	E	F	G
1	最优资本结构分析						
2	息税前利润	500	所得税率	40%			
3	无风险报酬率	10%	平均风险股票必要报酬率	14%			
4	债券的市场价值B/万元	股票的市场价值S/万元	股票β值	公司的市场价值V/万元	税前债务资金成本Kb	权益资金成本Ks	综合资金成本Kw
5	0		1.20		0		
6	200		1.25		0.1		
7	400		1.30		0.1		
8	600		1.40		0.12		
9	800		1.55		0.14		
10	1000		2.10		0.16		

Sheet1 Sheet2 Sheet3

图 7-23 创建工作簿

F5 =$B$3+C5*($D$3-$B$3)

	A	B	C	D	E	F	G
1	最优资本结构分析						
2	息税前利润	500	所得税率	40%			
3	无风险报酬率	10%	平均风险股票必要报酬率	14%			
4	债券的市场价值B/万元	股票的市场价值S/万元	股票β值	公司的市场价值V/万元	税前债务资金成本Kb	权益资金成本Ks	综合资金成本Kw
5	0		1.20		0	0.148	
6	200		1.25		0.1	0.15	
7	400		1.30		0.1	0.152	
8	600		1.40		0.12	0.156	
9	800		1.55		0.14	0.162	
10	1000		2.10		0.16	0.184	

Sheet1 Sheet2 Sheet3

图 7-24 权益资金成本的计算

3. 计算股票的市场价值

在单元格 B5 中输入公式：=($B$2－A5＊E5)＊(1－$D$2)/F5，拖动填充柄复制公式至单元格 B10，则得到股票的市场价值，如图 7-25 所示。

B5 =($B$2-A5*E5)*(1-$D$2)/F5

	A	B	C	D	E	F	G
1	最优资本结构分析						
2	息税前利润	500	所得税率	40%			
3	无风险报酬率	10%	平均风险股票必要报酬率	14%			
4	债券的市场价值B/万元	股票的市场价值S/万元	股票β值	公司的市场价值V/万元	税前债务资金成本Kb	权益资金成本Ks	综合资金成本Kw
5	0	2027.03	1.20		0	0.148	
6	200	1920.00	1.25		0.1	0.15	
7	400	1815.79	1.30		0.1	0.152	
8	600	1646.15	1.40		0.12	0.156	
9	800	1437.04	1.55		0.14	0.162	
10	1000	1108.70	2.10		0.16	0.184	

Sheet1 Sheet2 Sheet3

图 7-25 股票的市场价值的计算

4. 计算公司的市场价值

在单元格 D5 中输入公式：=A5+B5，拖动填充柄复制公式至单元格 D10，则得到公司的市场价值，如图 7-26 所示。

D5 =A5+B5

	A	B	C	D	E	F	G
1	最优资本结构分析						
2	息税前利润	500	所得税率	40%			
3	无风险报酬率	10%	平均风险股票必要报酬率	14%			
4	债券的市场价值B/万元	股票的市场价值S/万元	股票β值	公司的市场价值V/万元	税前债务资金成本Kb	权益资金成本Ks	综合资金成本Kw
5	0	2027.03	1.20	2027.03	0	0.148	
6	200	1920.00	1.25	2120.00	0.1	0.15	
7	400	1815.79	1.30	2215.79	0.1	0.152	
8	600	1646.15	1.40	2246.15	0.12	0.156	
9	800	1437.04	1.55	2237.04	0.14	0.162	
10	1000	1108.70	2.10	2108.70	0.16	0.184	

Sheet1 Sheet2 Sheet3

图 7-26 公司的市场价值的计算

5. 计算综合资金成本

在单元格 G5 中输入公式：=E5＊(A5/D5)＊(1－＄D＄2)＋F5＊B5/D5，则得到综合资金成本，如图 7-27 所示。

G5 =E5*(A5/D5)*(1-$D$2)+F5*B5/D5

	A	B	C	D	E	F	G
1	最优资本结构分析						
2	息税前利润	500	所得税率	40%			
3	无风险报酬率	10%	平均风险股票必要报酬率	14%			
4	债券的市场价值B/万元	股票的市场价值S/万元	股票β值	公司的市场价值V/万元	税前债务资金成本Kb	权益资金成本Ks	综合资金成本Kw
5	0	2027.03	1.20	2027.03	0	0.148	0.1480
6	200	1920.00	1.25	2120.00	0.1	0.15	0.1415
7	400	1815.79	1.30	2215.79	0.1	0.152	0.1354
8	600	1646.15	1.40	2246.15	0.12	0.156	0.1336
9	800	1437.04	1.55	2237.04	0.14	0.162	0.1341
10	1000	1108.70	2.10	2108.70	0.16	0.184	0.1423

Sheet1 Sheet2 Sheet3

图 7-27 综合资金成本的计算

6. 确定最优资本结构

选定债券市场价值数据区域与公司市场价值数据区域，插入折线图，调整得到公司市场价值与债务资本的关系曲线，如图 7-28 所示。

从图 7-28 中即可直观地看出，当债务资本为 600 万元时，公司市场价值达到峰值，故债务为 600 万元时的资本结构为该公司最优资本结构。

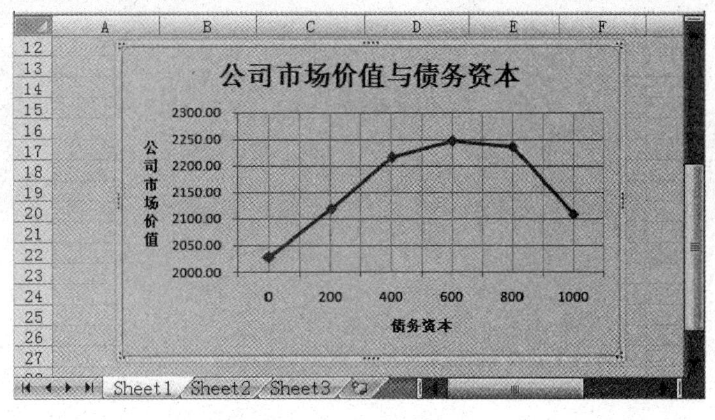

图 7-28 确定最优资本结构

【应用与练习】

1. 某公司拟筹资 500 万元，现有两个备选方案，其中甲方案：长期借款 150 万元，债券筹资 100 万元，普通股筹资 250 万元，各资金成本分别为 8%、9%、10%。乙方案：长期借款 100 万元，债券筹资 200 万元，普通股筹资 200 万元，各资金成本同甲方案。

要求：确定该公司的最佳筹资方案。

2. 某模具生产企业因销路很好，订单大增，故准备扩大生产规模，欲筹资 1 000 万元。其中，向银行长期借款 200 万元，年利率为 7%，筹资费用率为 2%；发行债券筹集 300 万元，票面年利率为 10%，发行费用率为 4%；发行普通股筹集 500 万元，预计第一年股利率为 10%，之后每年增长率为 1%，发行费用率为 5%，所得税税率为 25%。

求各筹资方式的个别资本成本及其综合资本成本。

3. 某服装厂本年度利润表有关数据见下表。

单位：万元

销售收入	变动成本	固定成本	息税前利润	利息费用	所得税
1 000	400	100	500	100	132

要求：计算经营杠杆系数、财务杠杆系数和复合杠杆系数。

4. 某公司目前拥有长期资金 600 万元，其中普通股 400 万元，长期债券 200 万元，由于开发新项目需要，公司计划明年筹集新资金，且维持目前的资本结构不变。随着筹资额的增加，各筹资方式的资本成本变化见下表。

筹资方式	新筹资额	资本成本/%
普通股	80 万元以下	12
	80 万元以上	14
长期债券	60 万元以下	6
	60 万～100 万元	8
	100 万元以上	10

要求：计算各筹资总额范围内边际资本成本。

第8章 收益分配管理与决策

企业通过经营活动取得收入后，要按照补偿成本、缴纳所得税、提取公积金、向投资者分配利润等顺序进行收益分配。股利政策是指在法律允许的范围内，可供企业管理当局选择的，有关净收益分配事项的方针及对策。股利政策受多种因素的影响，因此不同的公司在不同的时期结合自身的具体情况所制定的股利政策是各不相同的。

实验 8.1　工商银行股利分配方案

8.1.1　实验案例

工商银行上市以来的股利分配方案如表 8-1 所示，要求对其股利分配方案进行分析。

表 8-1　工商银行分红方案

分红年度	分红方案	每股收益/元
2014-12-31	进展说明：实施 10 派 2.554 元(含税)(税后派)2.426 3 元	0.78
2013-12-31	进展说明：实施 10 派 2.617 元(含税)(税后派)2.486 2 元	0.75
2012-12-31	进展说明：实施 10 派 2.39 元(含税)(税后派)2.270 5 元	0.68
2011-12-31	进展说明：实施 10 派 2.03 元(含税)(税后派)1.827 元	0.60
2010-12-31	进展说明：实施 10 派 1.84 元(含税)(税后派)1.656 元	0.48
2009-12-31	进展说明：实施 10 派 1.7 元(含税)(税后派)1.53 元	0.38
2008-12-31	进展说明：实施 10 派 1.65 元(含税)(税后派)1.485 元	0.33
2007-12-31	进展说明：实施 10 派 1.33 元(含税)(税后派)1.197 元	0.24
2006-12-31	进展说明：实施 10 派 0.16 元(含税)(税后派)0.144 元	0.17

8.1.2 实验目的

通过对工商银行股利分配方案的分析研究，了解我国大型商业银行采用的股利分配政策。

8.1.3 知识预备

常用的股利政策包括剩余股利政策、固定股利支付率政策、固定股利政策和低正常股利加额外分红政策。

现金股利和股票股利的分配程序。股权登记日、除权日和除息日的概念。

8.1.4 操作步骤

本实验的操作步骤如下：

(1) 创建工作簿，输入数据至工作表；

(2) 计算现金股利支付率。

具体操作如下：

1. 创建一个工作簿

建立一个工作表，将其命名为“工商银行现金股利分配方案”并输入相关数据。

2. 计算现金股利支付率

在 D3 单元格输入公式：＝B3/C3，按【Enter】键计算得出现金股支付率。然后将鼠标对准 D3 单元格的填充柄，将其拖到 D11，即可计算出其他年度的现金股利支付率。如图 8-1 所示。

	工商银行现金股利分配方案		
分红年度	每股现金股利	每股收益	现金股利支付率
2014	0.2554	0.78	32.74%
2013	0.2617	0.75	34.89%
2012	0.239	0.68	35.15%
2011	0.203	0.6	33.83%
2010	0.184	0.31	59.35%
2009	0.17	0.38	44.74%
2008	0.165	0.33	50.00%
2007	0.133	0.24	55.42%
2006	0.016	0.09	17.78%

图 8-1 工商银行股利分配方案

实验 8.2 民生银行股利分配方案

8.2.1 实验案例

民生银行上市以来的股利分配方案如表 8-2 所示，要求对其股利分配方案进行分析。民生银行于 2000 年 12 月 19 日上市，这可以解释当年现金股利支付率的异常。

表 8-2 民生银行分红方案

分红年度	分红方案	每股收益/元
2014-12-31	进展说明：实施 10派1.1元(含税)(税后派)1.045元	1.31
2014-06-30	进展说明：实施 10派0.75元(含税)(税后派)0.7125元	0.75
2013-12-31	进展说明：实施 10送2股派1元(含税)(税后派)0.85元	1.24
2013-06-30	进展说明：实施 10派1.58元(含税)(税后派)1.501元	0.67
2012-12-31	进展说明：实施 10派1.5元(含税)(税后派)1.425元	1.34
2012-06-30	进展说明：实施 10派1.5元(含税)(税后派)1.35元	0.69
2011-12-31	进展说明：实施 10派3元(含税)(税后派)2.7元	1.05
2010-12-31	进展说明：实施 10派1元(含税)(税后派)0.9元	0.66
2009-12-31	进展说明：实施 10送2股派0.5元(含税)(税后派)0.25元	0.51
2008-12-31	进展说明：实施 10派0.8元(含税)(税后派)0.72元	0.42
2007-12-31	进展说明：实施 10送2股转1股派0.5元(含税)(税后派)0.25	0.36
2006-12-31	进展说明：实施 10转1.9股	0.31
2005-12-31	进展说明：实施 10送1.5股转2.5股派0.5元(含税)(税后派)	0.37
2004-12-31	进展说明：实施 10送2股派0.7元(含税)(税后派)0.16元	0.39
2003-12-31	进展说明：实施 10送2股转1.5股派1.2元(含税)(税后派)	0.38
2002-12-31	进展说明：实施 10送2股转1股派0.6元(含税)(税后派)0.08	0.34
2001-12-31	进展说明：实施 10送1.5股派0.7元(含税)(税后派)0.26元	0.29
2000-12-31	进展说明：实施 10转3股派2元(含税)(税后派)1.6元	0.25

8.2.2 实验目的

通过对民生银行股利分配方案的分析研究，了解我国中小型商业银行采用的股利分配政策。

8.2.3　知识预备

常用的股利政策包括剩余股利政策、固定股利支付率政策、固定股利政策和低正常股利加额外分红政策。

现金股利和股票股利的分配程序。股权登记日、除权日和除息日的概念。

8.2.4　操作步骤

本实验的操作步骤如下：

(1) 创建工作簿，输入数据至工作表；

(2) 计算现金股利支付率。

具体操作如下：

1. 创建一个工作簿

建立一个工作表，将其命名为“民生银行现金股利分配方案”并输入相关数据。

2. 计算现金股利支付率

在 E3 单元格输入公式：=B3/C3，按【Enter】键计算得出现金股支付率。然后将鼠标对准 E3 单元格的填充柄，将其拖到 E17，即可计算出其他年度的现金股利支付率。如图 8-2 所示。

	民生银行现金股利分配方案			
分红年度	每股现金股利	每股收益	每股送股票股利	现金股利支付率
2014	0.185	1.31		14.12%
2013	0.258	1.24	0.2	20.81%
2012	0.3	1.34		22.39%
2011	0.3	1.05		28.57%
2010	0.1	0.66		15.15%
2009	0.05	0.51	0.2股	9.80%
2008	0.08	0.42		19.05%
2007	0.05	0.48	0.2股	10.42%
2006	0	0.31		0.00%
2005	0.05	0.37	0.15股	13.51%
2004	0.07	0.39	0.2股	17.95%
2003	0.12	0.38	0.2股	31.58%
2002	0.06	0.34	0.2股	17.65%
2001	0.07	0.29	0.15股	24.14%
2000	0.2	0.25		80.00%

图 8-2　民生银行股利分配方案

实验 8.3　北化股份股利分配方案

8.3.1　实验案例

北化股份近年股利分配方案如表 8-3 所示，要求对其股利分配方案进行分析。

表8-3 北化股份分红方案

分红年度	分红方案	每股收益/元
2014-12-31	进展说明：实施 10派0.3元(含税)(税后派)0.285元	0.18
2013-12-31	进展说明：实施 10转5股派0.5元(含税)(税后派)0.475元	0.13
2013-06-30	进展说明：实施 10派0.3元(含税)(税后派)0.285元	0.05
2012-12-31	是否分配:不分配	0.27
2011-12-31	进展说明：实施 10派0.5元(含税)(税后派)0.45元	0.163 5
2010-12-31	进展说明：实施 10派3元(含税)(税后派)2.7元	0.11
2009-12-31	进展说明：实施 10派0.5元(含税)(税后派)0.45元	0.11
2008-12-31	进展说明：实施 10派0.6元(含税)(税后派)0.54元	0.14
2007-12-31	是否分配:不分配	0.630 0
2006-12-31	是否分配:不分配	0.720 0

8.3.2 实验目的

通过对北化股份公司股利分配方案的分析研究，了解我国中小企业采用的股利分配政策。

8.3.3 知识预备

常用的股利政策包括剩余股利政策、固定股利支付率政策、固定股利政策和低正常股利加额外分红政策。

现金股利和股票股利的分配程序。股权登记日、除权日和除息日的概念。

8.3.4 操作步骤

本实验的操作步骤如下：

(1) 创建工作簿，输入数据至工作表；

(2) 计算现金股利支付率。

具体操作如下：

1. 创建一个工作簿

建立一个工作表，将其命名为“北化股份股利政策”并输入相关数据。

2. 计算现金股利支付率

在E3单元格输入公式：=B3/C3，按【Enter】键计算得出现金股支付率。然后将鼠标对准E3单元格的填充柄，将其拖到E11，即可计算出其他年度的现金股利支付率。如图8-3所示。

分红年度	北化股份股利政策 每股现金股利	每股收益	每股送股票股利	现金股利支付率
2014	0.03	0.18		16.67%
2013	0.08	0.13		61.54%
2012	0	0.27		0.00%
2011	0.05	0.1635		30.58%
2010	0	0.52		0.00%
2009	0	0.5		0.00%
2008	0.1	0.43		23.26%
2007	0	0.63		0.00%
2006	0	0.72		0.00%

图 8-3 北化股份股利分配方案

通过对上述三家公司股利支付率的计算，我们可以发现，工商银行一直维持一个比较稳定的较高的现金股利支付率的股利政策；民生银行是采取较低的现金股利支付率加股票股利的股利政策；北化股份基本不分现金股利也没有股票股利。

工商银行是我国最大的商业银行，2006 年 10 月上市时总股本为 3 278 亿股，到 2011 年 9 月扩张为 3 490 亿股。工行资金实力雄厚，发展较平稳，同时在香港和上海上市。为了吸引国际投资者长期持有公司股票，需要维持较高的现金股利支付率。

民生银行是我国第一家上市的民营股份制商业银行。2000 年上市时总股本只有 17.3 亿股，到 2010 年 7 月股本扩张到 267 亿股。民生银行规模较小，资金实力较弱，但是股本扩张非常迅速，同时发展需要大量资金，希望吸引投资者的关注，所以采用了较低的现金股利支付率加股票股利的股利政策。

北化股份 2008 年 5 月上市，总股本只有 1.98 亿股，到 2011 年 6 月，股本一直没有变化。与银行业比，北化股份资金更显弱小，发展速度不快加资金紧张，又没有吸引投资者的压力因此采用了干脆不分红的股利政策。

【应用与练习】

1. 安徽江南化工股份公司分红方案如表 8-4 所示：

表 8-4 江南化工分红方案

分红年度	分红方案	每股收益/元
2014-12-31	进展说明：实施 10 转 10 股派 4.5 元(含税) (税后派)4.275 元	0.405 6
2013-12-31	进展说明：实施 10 派 4 元(含税) (税后派)3.8 元	0.677
2012-12-31	进展说明：实施 10 派 3 元(含税) (税后派)2.85 元	0.658 8
2011-12-31	进展说明：实施 10 派 2 元(含税) (税后派)1.8 元	0.582 9

续表

分红年度	分红方案	每股收益/元
2010-12-31	是否分配:不分配	0.35
2009-12-31	进展说明:实施 10转10股	0.5
2008-12-31	进展说明:实施 10转3股派1元(含税)(税后派)0.9元	0.43
2008-06-30	是否分配:不分配 进展说明:决案	0.18

要求:计算江南化工股份公司的现金股利支付率,并分析其股利政策的特点。

2. 通过和讯财经网,网址为 http://www.hexun.com/,查询 600685 广船国际的股利分配方案。在和讯财经网主页的股票查询中,输入 600685,进入广船国际的页面,点击分红融资然后选择分红/转增股本,即可查到该公司的分配方案。查询 600072 中船股份的分红方案,并对比分析两家公司的股利政策。

3. 根据上市公司现金分红、股票股利和转增股本的不同分配方案,结合分配方案实施后,公司所有者权益的变化,试分析上述上市公司采用不同的股利分配方案对其所有者权益结构和资本结构的影响。

第9章 财务预算

常言道，凡事预则立，不预则废。企业经营活动的全面预算，是以企业的经营目标为出发点，以市场需求为基础，以销售预算为主导，进而包括生产、成本和现金收支等各个方面，并特别重视财务预算。其原因在于，财务预算作为全面预算体系中的最后环节，可以从价值方面总括地反映企业经营期专门决策预算与日常业务预算的结果，故财务预算也称为总预算，其他预算则相应地称为辅助预算或分预算。

实验9.1 销售收入预算

9.1.1 实验案例

假定某公司生产并销售甲产品，2011年度预计销售、销售价格和销售收入见表9-1。预计甲产品每季度的销售收入中有60%于当季度收到货款，其余的40%下季度收讫。2010年年末，应收账款余额为41 000元。要求：编制现金收入预算。

表9-1 预计销售收入 单位：元

季 度	1	2	3	4	全年
预计销售量/件	100	150	200	180	630
预计销售单价	400	400	400	400	
销售收入	40 000	60 000	80 000	72 000	252 000

9.1.2 实验目的

通过实验掌握销售收入预算的编制方法。

9.1.3 知识预备

销售预算是一切预算的基础，其他预算是在销售预算的基础上做出的。

9.1.4 操作步骤

本实验的操作步骤如下：

1. 建立工作簿将其命名为“财务预算”；

2. 输入试验提供的相关项目；

3. 根据现金收款条件，在 B9 输入“=B5 * 60%”，在 B10 输入“=B5 * 40%”，以此类推。根据实验设定的条件编制销售和现金预算如图 9-1 所示。

	A	B	C	D	E	F
1		销售预算				
2	季度	1	2	3	4	全年
3	预计销售量/件	100	150	200	180	630
4	预计销售单价	400	400	400	400	
5	销售收入	40000	60000	80000	72000	252000
6						
7		预计现金收入				
8	上年应收账款	41000				41000
9	第一季度	24000	16000			40000
10	第二季度		36000	24000		60000
11	第三季度			48000	32000	80000
12	第四季度				43200	43200
13	现金收入合计	65000	52000	72000	75200	264200

Sheet1 Sheet2 Sheet3

图 9-1 预计现金收入

实验 9.2 生产预算

9.2.1 实验案例

假定某公司各季度末存货按下一季度销售量的 10%计算，年初存货 14 件，年末存货 24 件。结合上一实验的销售量预算，编制生产预算。

9.2.2 实验目的

通过实验掌握生产预算的编制方法。

9.2.3 知识预备

由于企业的生产和销售不能做到“同步同量”，必须储存一定的存货，因此，产品的生产量与销售量之间的关系，可按下式计算：

预计生产量=预计销售量+预计期末存货量-预计期初存货量

9.2.4 操作步骤

1. 打开财务预算工作簿；

2. 输入生产量预算相关项目；

3. 在 B18 输入“=B3”回车，然后用填充柄拖至 F18；

4. 在 B19 输入“=C18 * 10%”，然后用填充柄拖至 D19；

5. 在 C21 输入“=B19”，然后用填充柄拖至 E21；

6. 在 B22 输入“=B18+B19-B21”，然后用填充柄拖至 E22。

依据实验条件和上一实验的销售量预算编制生产预算如图 9-2 所示。

生产量预算					
季度	1	2	3	4	全年
预计销售量	**100**	**150**	**200**	**180**	**630**
加：预计期末存货	15	20	18	24	24
合计					
减期初存货	14	15	20	18	14
预计生产量	101	155	198	186	640

图 9-2　生产量预算

实验 9.3　直接材料预算

9.3.1　实验案例

假定某公司生产甲产品耗用的 A 材料，年初和年末材料的存量分别为 350 千克和 380 千克。各季度末材料存货量是按下一季度生产量的 20%计算。每一季度材料采购货款 50%本季度支付，50%下一季度支付。求直接材料预算，以及材料采购现金支出预算。

9.3.2　实验目的

通过实验掌握直接预算和材料采购现金支出预算的编制方法。

9.3.3　知识预备

预计材料采购量＝预计材料耗用量＋预计期末库存材料量－预计期初库存材料量

预计材料耗用量＝单位产品材料耗用量×预计生产量

9.3.4　操作步骤

依据实验条件和上一实验的生产预算编制直接预算和材料采购现金支出预算如图 9-3 和图 9-4 所示。

直接材料预算					
季度	1	2	3	4	全年
预计生产量（件）	101	155	198	186	640
单位产品材料消耗量	10	10	10	10	10
生产需要量	1010	1550	1980	1860	6400
加：预计期末库存量	310	396	372	380	380
合计	1320	1946	2352	2240	6780
减：预计期初库存量	350	310	396	372	350
预计材料采购量	970	1636	1956	1868	6430
单价	15	15	15	15	15
预计采购金额	14550	24540	29340	28020	96450

图 9-3　直接材料预算

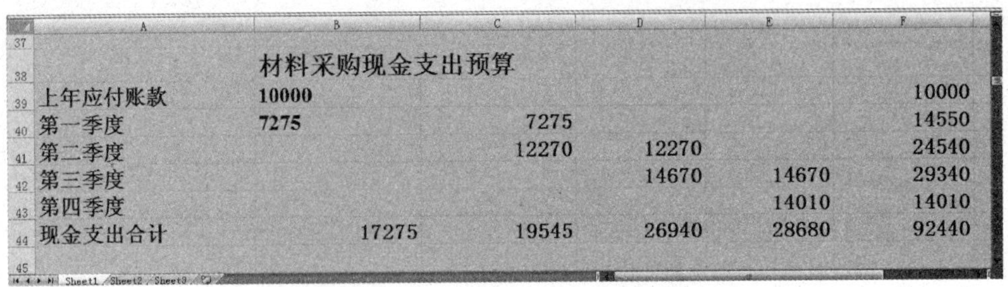

	材料采购现金支出预算				
上年应付账款	10000				10000
第一季度	7275	7275			14550
第二季度		12270	12270		24540
第三季度			14670	14670	29340
第四季度				14010	14010
现金支出合计	17275	19545	26940	28680	92440

图 9-4　材料采购现金支出预算

实验 9.4　现金预算

9.4.1　实验案例

假定某公司直接人工预算(人工总成本即本季的工资全部用现金支付)如图 9-5 所示。

直接人工预算					
季度	1	2	3	4	全年
预计生产量(件)	101	155	198	186	640
单位产品工时	12	12	12	12	12
人工总工时	1212	1860	2376	2232	7680
每小时人工成本	6	6	6	6	6
人工总成本	7272	11160	14256	13392	46080

图 9-5　直接人工预算

制造费用预算(除折旧外都由现金支付)如图 9-6 所示。

制造费用预算					
季度	1	2	3	4	全年
变动制造费用					
间接材料	2510	2560	2580	2590	10240
间接人工	2300	2360	2340	2370	9370
修理费	1300	1320	1330	1400	5350
水电费	950	970	985	990	3895
其他	450	465	475	475	1865
小计	7510	7675	7710	7825	30720
固定费用					
修理费	1500	1560	1540	1560	6160
折旧费	1000	1000	1000	1000	4000
管理人员工资	1800	1800	1800	1800	7200
保险费	500	500	500	500	2000
其他	400	400	400	400	1600
小计	5200	5260	5240	5260	20960
合计	12710	12935	12950	13085	51680

图 9-6　制造费用预算

产品成本预算(用于预计利润表和资产负债表)如图 9-7 所示。

销售和管理费用预算如图 9-8 所示。

	产品成本预算					
	价格	单位耗用量	单位产品成本	总成本（640）	期末存货（24）	销售成本（630）
直接材料	15	10	150	96000	3600	94500
直接人工	6	12	72	46080	1728	45360
变动制造费用	4	12	48	30720	1152	30240
固定制造费用	3.25	12	39	24960	936	24570
合计			309	197760	7416	194670

图 9-7 产品成本预算

销售及管理费用	
销售费用：	
销售人员工资	8000
广告费	5000
包装费	3000
运输费	2900
保管费	2232
小计	21132
管理费用：	
管理人员工资	13440
保险费	3500
办公费	4000
小计	20940
合计	42072
季度现金支出	10518

图 9-8 销售及管理费用预算

购买设备预算如图 9-9 所示。

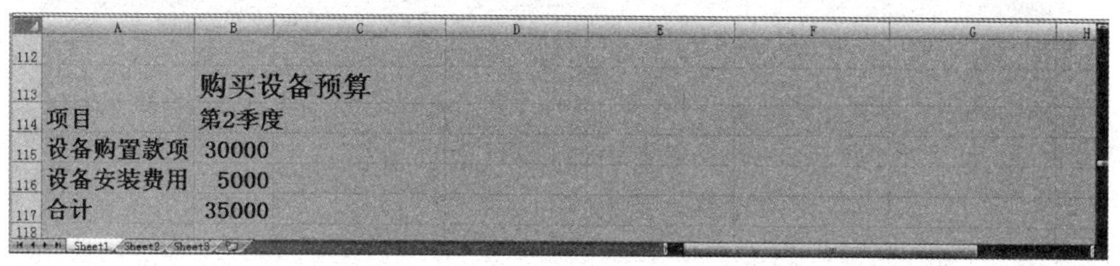

	购买设备预算
项目	第2季度
设备购置款项	30000
设备安装费用	5000
合计	35000

图 9-9 购买设备预算

另外，假定该公司一季度支付现金股利 5 000 元，每季度预交所得税 1 000 元。该公司最低现金余额为 26 000 元，最高为 36 000 元，当现金不足时向银行借款，多余时归还银行借款。借款在季度初，还款在季度末。借款年利率为 10%，还款时同时支付还款的全部利息。借款是 10 000 元的倍数。该公司 2 季度借款 30 000 元，三季度归还借款本金 6 000 元，利息 300 元。四季度归还本金 7 000 元，利息 725 元。

9.4.2 实验目的

利用上述预算中的现金收支数据，编制现金收支预算。通过实验加深对现金收支预算编制过程的理解。

9.4.3 知识预备

现金预算由现金收入、现金支出、现金收支差额和现金的筹集和使用构成。

9.4.4 操作步骤

1. 打开“财务预算”工作簿,输入相关项目。

2. 在B121输入“=B13”,在B123输入“=B121+B122”,在B125输入“=B44”,在B126输入“=B55”,在B127输入“=B84”,在B128输入“=B111”,在B132输入“=sum(B125:B117)”,在B133输入“=B123-B132”,在B138输入“=B133+B134-B135-B136”,在C121输入“=B138”,然后选中B121:B138,利用填充柄拖至E138,即可得到2至4季度的现金预算。可编制现金预算如图9-10所示。

	A	B	C	D	E	F	G	H
118								
119		现金预算表						
120	季度	1	2	3	4	全年		
121	期初现金余额	26000	39225	33067	35103	26000		
122	加:销售现金	65000	52000	72000	75200	264200		
123	可供使用的现金	91000	91225	105067	110303	290200		
124	减:各项现金支出							
125	直接材料	17275	19545	26940	28680	92440		
126	直接人工	7272	11160	14256	13392	46080		
127	制造费用	10710	10935	10950	11085	43680		
128	销售及管理费用	10518	10518	10518	10518	42072		
129	所得税	1000	1000	1000	1000	4000		
130	购买设备		35000			35000		
131	股利	5000				5000		
132	支出合计	51775	88158	63664	64675	268272		
133	现金多余或不足	39225	3067	41403	45628	21928		
134	向银行借款	0	30000			30000		
135	向银行还款	0		6000	7000	13000		
136	借款利息	0		300	525	825		
137	合计	0	30000	-6300	-7525	16175		
138	期末现金	39225	33067	35103	38103	38103		

图9-10 现金预算

实验9.5 财务报表预算

9.5.1 实验案例

利用以上预算结果,编制预计利润表、资产负债表和现金流量表。

9.5.2 实验目的

通过实验加深对日常业务预算、专门预算、现金预算和财务预算之间的关系,掌握财务预算的编制方法。

9.5.3 知识预备

资产负债表、利润表和现金流量表的格式及编制方法。

9.5.4 操作步骤

本实验操作步骤如下：

1. 编制预计利润表

(1) 打开财务预算工作簿，并输入相关项目；

(2) 在 B143 输入"=F5"，在 B144 输入"=G94"，在 B145 输入"=B143-B144"，在 B146 输入"=B110"，在 B147 输入"=F136"，在 B148 输入"=B145-B146-B147"，在 B149 输入"=B148 * 25%" 在 B150 输入"=B148-B149"。预计利润表数据来源于销售预算、产品成本预算、销售与管理费用预算，如图 9-11 所示。

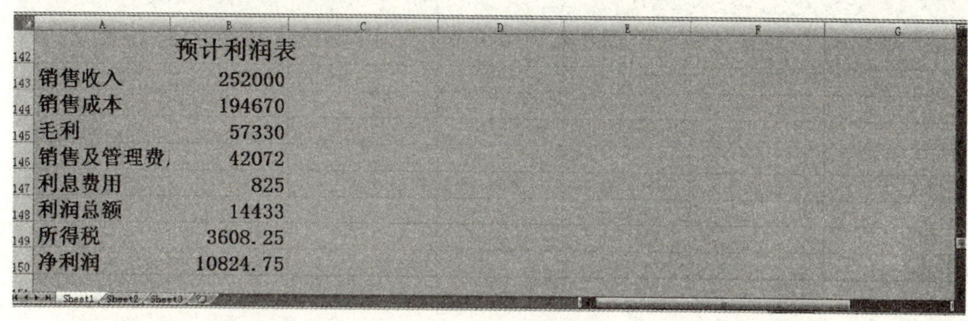

	A	B
142		预计利润表
143	销售收入	252000
144	销售成本	194670
145	毛利	57330
146	销售及管理费	42072
147	利息费用	825
148	利润总额	14433
149	所得税	3608.25
150	净利润	10824.75

图 9-11 预计利润表

2. 编制预计资产负债表

(1) 打开财务预算工作簿，并输入资产负债表年初数据；

(2) 在 C157 输入"=F138"，在 C158 输入"=E5 * 40%"，在 C159 输入"=E30 * E34"，在 C160 输入"=F94"，在 C161 输入"=B161+B117"，在 C162 输入"=B162+F79"，在 F157 输入"=E35 * 50%"，在 F158 输入"=E158+F134-F135"，在 F159 输入"=B149-F129"，即当年应交所得税和预交所得税之差，在 F161 输入"=E161+B150-B131"。

预计资产负债表的数据来源于销售预算、材料采购预算、产品成本预算和期初资产负债表和预计利润表，如图 9-12 所示。

	A	B	C	D	E	F
154		预计资产负债表				
155	资产			负债及所有者权益		
156	项目	年初	年末	项目	年初	年末
157	现金	26000	38103	应付账款	10000	14010
158	应收账款	41000	28800	银行借款	800	17800
159	原材料	5250	5700	应交税费		3608.25
160	产成品	4326	7416	股本	90000	90000
161	固定资产	30000	65000	未分配利润	10176	16000.75
162	累计折旧	5600	13600			
163	无形资产	10000	10000			
164	合计	110976	141419	合计	110976	141419

图 9-12 预计资产负债表

3. 编制现金流量表

在 B168 输入“＝F122”，在 C169 输入“＝F132 — F131 — F130”，在 B170 输入“＝B1168－B169”，预计现金流量表如图 9-13 所示。

预计现金流量表

项目	金额	补充资料	金额
一、经营活动现金流入	264200	净利润	10824.75
减：经营活动现金流出	228272	加：固定资产折	8000
经营活动现金净流量	35928	财务费用	825
二、投资活动现金流入		存货减少	-3540
减:投资活动现金流出	35000	应收项目减少	12200
投资活动现金净流量	-35000	应付项目增加	7618.25
三、筹资活动现金流入	30000	经营活动现金净	35928
减：筹资活动现金流出	18825	现金期末余额	38103
筹资活动现金净流量	11175	减：现金期初余	26000
现金净流量	12103	现金净增加额	12103

图 9-13 预计现金流量表

【应用与练习】

1. 已知：某公司 2015 年 1～3 月份销售额分别为 38 000 万元，36 000 万元和 41 000 万元，预计 4 月份销售额为 40 000 万元。每月销售收入中有 70％能于当月收现，20％于次月收现，10％于第三个月收讫，不存在坏账。假定该公司销售产品在流通环节需要交纳消费税，税率为 10％，并于当月以现金交纳。该公司 3 月末现金余额为 80 万元，应收账款余额为 5 000 万元(需在 4 月份付清)，不存在其他应收应付款项。

4 月份有关项目预计资料如下：采购材料 8 000 万元(当月付 70％)；工资及其他支出 8 400 元，(用现金支付)；制造费用 8 000 万元(其中折旧费等非付现费用为 4 000 万元)；销售费用和管理费用 1 000 万元(用现金支付)；预付所得税 1 900 万元；购买设备 12 000 万元(用现金支付)。现金不足时，通过银行借款解决。4 月份现金余额要求不低于 100 万元。

要求：根据上述资料：

(1) 编制公司 4 月份的现金收支预算表；

(2) 计算经营性现金流入、经营性现金流出和 4 月末应收账款余额。

2. 利用本章实验的数据重复预算编制过程。试改变销售数量分别为第一季度 150 件，第二季度 170 件，第三季度 180 件，第四季度 200 件，其他数据不变，观察实验结果的变化。

财务控制与财务预警　第10章

财务控制要以消除隐患、防范风险、规范经营、提高效率为宗旨。企业应建立多元的财务监控措施。企业为了实行有效的内部协调与控制，通常都按照统一领导、分级管理的原则，在其内部合理划分责任单位，明确各责任单位责权利。企业在其经营过程中，应防患于未然，通过财务预警机制来防范财务失败或减少财务失败的机会。

实验 10.1　责任中心业绩考核

10.1.1　实验案例

A 公司的各责任中心有关数据已知：

(1) 成本中心：部门生产某产品预算产量为 6 000 件，单位成本为 100 元，实际产量 7 000 件，单位成本 95 元；

(2) 利润中心：部门销售收入 20 000 元，已销商品变动成本和变动销售费用为 15 000 元，可控固定间接费用为 1 000 元，不可控固定间接费用为 1 500 元，公司管理费用为 1 200 元；

(3) 投资中心：部门的资产额为 50 000 元，部门边际贡献为 8 000 元，资本成本为 12%。

根据已知，对各责任中心进行业绩考核。

10.1.2　实验目的

业绩考核能帮助企业借以考核各责任中心工作成果，实施奖罚，促使各责任中心积极纠正行为偏差，各责任中心可以根据自身的特点来确定相应的考核指标。本实验通过计算各责任中心常用的几个指标来完成责任中心的业绩考核。

10.1.3　知识预备

1. 成本中心的考核指标主要有成本降低额和降低率，计算公式为

$$成本降低额 = 预算责任成本 - 实际责任成本$$

成本降低率 ＝ 成本降低额/预算责任成本 × 100%

2. 利润中心的考核指标包括边际贡献、可控边际贡献、部门边际贡献和税前部门利润，计算公式如下：

边际贡献 ＝ 收入 － 变动成本

可控边际贡献 ＝ 边际贡献 － 可控固定成本

部门边际贡献 ＝ 可控边际贡献 － 不可控固定成本

部门税前利润 ＝ 部门边际贡献 － 公司管理费用

3. 投资中心的考核指标包括投资贡献率和剩余收益，计算公式如下：

投资贡献率＝部门边际贡献/部门资产额

剩余收益＝部门边际贡献－部门资产×资本成本

10.1.4　操作步骤

本实验的操作步骤如下：

(1) 创建工作簿，输入数据至工作表；

(2) 计算成本中心考核指标；

(3) 计算利润中心考核指标；

(4) 计算投资中心考核指标。

具体操作如下：

1. 创建一个工作簿

在工作表中建立责任中心业绩考核表格，输入已知数据，如图 10-1 所示。

	A	B	C	D	E	F	G	H
1	责任中心业绩考核							
2	成本中心考核指标		利润中心考核指标				投资中心考核指标	
3	成本降低额	成本降低率	边际贡献	可控边际贡献	部门边际贡献	部门税前利润	投资贡献率	剩余收益
4								
5	实际产量	7000	销售收入	20000	不可控固定成本	1500	部门资产额	50000
6	实际单位成本	95	变动成本	15000	公式管理费用	1200	部门边际贡献	8000
7	预算单位成本	100	可控固定成本	1000			资本成本	12%

Sheet1　Sheet2　Sheet3

图 10-1　创建工作簿

小提示

单元格填充颜色：为了便于区分单元格以及表格美观，可以对单元格进行颜色填充，在功能区界面中点击“填充颜色”项选择合适的颜色即可。

2. 计算成本中心考核指标

在单元格 A4 中输入公式：＝B5 * B7－B5 * B6，在单元格 B4 中输入公式：＝A4/(B5 * B7)，则可计算得到成本降低额和成本降低率，如图 10-2 所示。

B4　fx　=A4/(B5*B7)

	A	B	C	D	E	F	G	H
1	责任中心业绩考核							
2	成本中心考核指标		利润中心考核指标				投资中心考核指标	
3	成本降低额	成本降低率	边际贡献	可控边际贡献	部门边际贡献	部门税前利润	投资贡献率	剩余收益
4	35000	5%						
5	实际产量	7000	销售收入	20000	不可控固定成本	1500	部门资产额	50000
6	实际单位成本	95	变动成本	15000	公式管理费用	1200	部门边际贡献	8000
7	预算单位成本	100	可控固定成本	1000			资本成本	12%

Sheet1　Sheet2　Sheet3

图 10-2　成本中心考核指标的计算

3. 计算利润中心考核指标

在单元格 C4 中输入公式：＝D5－D6，在单元格 D4 中输入公式：＝C4－D7，在单元格 E4 中输入公式：＝D4－F5，在单元格 F4 中输入公式：＝E4－F6，则可计算得到利润中心各考核指标，如图 10-3 所示。

F4　fx　=E4-F6

	A	B	C	D	E	F	G	H
1	责任中心业绩考核							
2	成本中心考核指标		利润中心考核指标				投资中心考核指标	
3	成本降低额	成本降低率	边际贡献	可控边际贡献	部门边际贡献	部门税前利润	投资贡献率	剩余收益
4	35000	5%	5000	4000	2500	1300		
5	实际产量	7000	销售收入	20000	不可控固定成本	1500	部门资产额	50000
6	实际单位成本	95	变动成本	15000	公式管理费用	1200	部门边际贡献	8000
7	预算单位成本	100	可控固定成本	1000			资本成本	12%

Sheet1　Sheet2　Sheet3

图 10-3　利润中心考核指标的计算

4. 计算投资中心考核指标

在单元格 G4 中输入公式：＝H6/H5，在单元格 H4 中输入公式：＝H6－H5 * H7，则可计算得到投资贡献率和剩余收益，如图 10-4 所示。

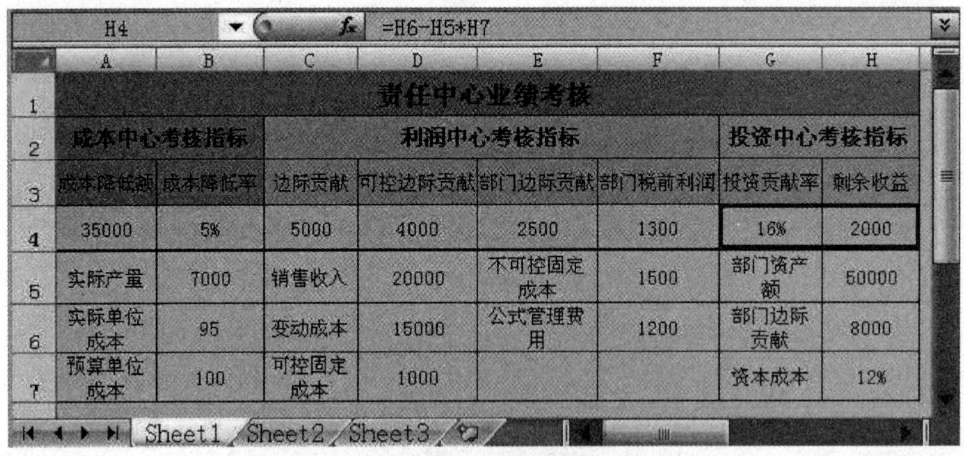

图 10-4　投资中心考核指标的计算

实验 10.2　财务预警模型

10.2.1　实验案例

甲公司2014年度和2015年度的有关资料见表10-1,要求运用多变模式,建立财务预警模型,对该公司财务状况做出评价。

表 10-1　甲公司年度数据表　　单位:千元

项　目	2014 年度	2015 年度
营业收入	6 700	5 390
息税前利润	1 312	686
资产总额	4 230	6 427
营运资金	1 970	1 143
负债总额	1 880	4 410
留存收益	1 016	612
股票市值	3 804	1 387

10.2.2　实验目的

任何一个企业,财务状况恶化,产生到期无力偿还债务的困难和危机,就很可能出现财务失败,企业应通过建立财务失败预警系统来有效防范、回避财务困难和危机,保护各相关主体的利益。本实验运用多变模式思路,建立多元线性函数公式,将多种财务指标加权汇总后产生的总判别分来预测财务危机,即Z值计分模型。

10.2.3　知识预备

本实验中将会运用到IF函数。

IF函数:根据对指定的条件计算结果为TRUE或FALSE,返回不同的结果。

语法格式：IF(logical_test,value_if_true,value_if_false)。

- logical_test：计算结果为 TRUE 或 FALSE 的任意值或表达式。
- value_if_true：logical_test 为 TRUE 时返回的值。
- value_if_false：logical_test 为 FALSE 时返回的值。

实验中涉及以下计算公式：

$$Z=1.2X_1+1.4X_2+3.3X_3+0.6X_4+0.999X_5;$$

X_1＝营运资金/资产总额；

X_2＝留存收益/资产总额；

X_3＝息税前利润/资产总额；

X_4＝普通股和优先股市场价值总额/负债账面价值总额；

X_5＝销售收入/资产总额。

判断企业破产的临界值：Z 大于 2.675，表明企业的财务状况很好，发生破产的可能性较小；Z 介于 1.81～2.675 之间，表明企业财务状况不稳定；Z 小于 1.81，表明企业存在很大的破产危险。

10.2.4 操作步骤

本实验的操作步骤如下：

(1) 创建工作簿，输入数据至工作表；

(2) 计算各财务指标；

(3) 计算 Z 值；

(4) 判断公司财务风险程度。

具体操作如下：

1. 创建一个工作簿

在工作表中建立甲公司财务预警模型表格，输入已知数据，如图 10-5 所示。

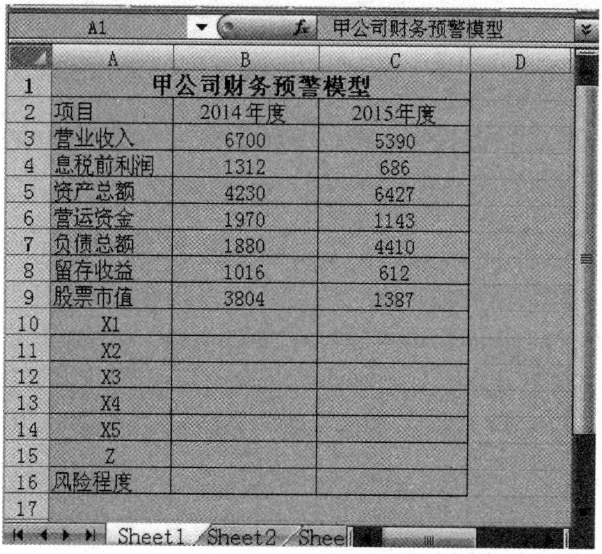

A1　fx　甲公司财务预警模型

	A	B	C	D
1	甲公司财务预警模型			
2	项目	2014年度	2015年度	
3	营业收入	6700	5390	
4	息税前利润	1312	686	
5	资产总额	4230	6427	
6	营运资金	1970	1143	
7	负债总额	1880	4410	
8	留存收益	1016	612	
9	股票市值	3804	1387	
10	X1			
11	X2			
12	X3			
13	X4			
14	X5			
15	Z			
16	风险程度			
17				

Sheet1 / Sheet2 / Shee

图 10-5　创建工作簿

2. 计算 X_1

在单元格 B10 中输入公式：=B6/B5，拖动填充柄复制公式至单元格 C10，则得到计算结果，如图 10-6 所示。

B10 =B6/B5

	A	B	C	D
1	甲公司财务预警模型			
2	项目	2014年度	2015年度	
3	营业收入	6700	5390	
4	息税前利润	1312	686	
5	资产总额	4230	6427	
6	营运资金	1970	1143	
7	负债总额	1880	4410	
8	留存收益	1016	612	
9	股票市值	3804	1387	
10	X1	0.47	0.18	
11	X2			
12	X3			
13	X4			
14	X5			
15	Z			
16	风险程度			
17				

Sheet1 Sheet2 Shee

图 10-6 计算 X_1

3. 计算 X_2

在单元格 B11 中输入公式：=B8/B5，拖动填充柄复制公式至单元格 C11，则得到计算结果，如图 10-7 所示。

B11 =B8/B5

	A	B	C	D
1	甲公司财务预警模型			
2	项目	2014年度	2015年度	
3	营业收入	6700	5390	
4	息税前利润	1312	686	
5	资产总额	4230	6427	
6	营运资金	1970	1143	
7	负债总额	1880	4410	
8	留存收益	1016	612	
9	股票市值	3804	1387	
10	X1	0.47	0.18	
11	X2	0.24	0.10	
12	X3			
13	X4			
14	X5			
15	Z			
16	风险程度			
17				

Sheet1 Sheet2 Shee

图 10-7 计算 X_2

4. 计算 X_3

在单元格 B12 中输入公式：=B4/B5，拖动填充柄复制公式至单元格 C12，则得到计算结果，如图 10-8 所示。

B12　fx　=B4/B5

	A	B	C	D
1	甲公司财务预警模型			
2	项目	2014年度	2015年度	
3	营业收入	6700	5390	
4	息税前利润	1312	686	
5	资产总额	4230	6427	
6	营运资金	1970	1143	
7	负债总额	1880	4410	
8	留存收益	1016	612	
9	股票市值	3804	1387	
10	X1	0.47	0.18	
11	X2	0.24	0.10	
12	X3	0.31	0.11	
13	X4			
14	X5			
15	Z			
16	风险程度			
17				

Sheet1 / Sheet2 / Shee

图 10-8　计算 X_3

5. 计算 X_4

在单元格 B13 中输入公式：=B9/B7，拖动填充柄复制公式至单元格 C13，则得到计算结果，如图 10-9 所示。

B13　fx　=B9/B7

	A	B	C	D
1	甲公司财务预警模型			
2	项目	2014年度	2015年度	
3	营业收入	6700	5390	
4	息税前利润	1312	686	
5	资产总额	4230	6427	
6	营运资金	1970	1143	
7	负债总额	1880	4410	
8	留存收益	1016	612	
9	股票市值	3804	1387	
10	X1	0.47	0.18	
11	X2	0.24	0.10	
12	X3	0.31	0.11	
13	X4	2.02	0.31	
14	X5			
15	Z			
16	风险程度			
17				

Sheet1 / Sheet2 / Shee

图 10-9　计算 X_4

6. 计算 X_5

在单元格 B14 中输入公式：=B3/B5，拖动填充柄复制公式至单元格 C14，则得到计算结果，如图 10-10 所示。

B14 =B3/B5

	A	B	C
1	甲公司财务预警模型		
2	项目	2014年度	2015年度
3	营业收入	6700	5390
4	息税前利润	1312	686
5	资产总额	4230	6427
6	营运资金	1970	1143
7	负债总额	1880	4410
8	留存收益	1016	612
9	股票市值	3804	1387
10	X1	0.47	0.18
11	X2	0.24	0.10
12	X3	0.31	0.11
13	X4	2.02	0.31
14	X5	1.58	0.84
15	Z		
16	风险程度		
17			

Sheet1 Sheet2 Shee

图 10-10　计算 X_5

7. 计算 Z 值

在单元格 B15 输入公式：=1.2 * B10+1.4 * B11+3.3 * B12+0.6 * B13+0.999 * B14，拖动填充柄复制公式至单元格 C15，则得到两年度的 Z 值，如图 10-11 所示。

B15 =1.2*B10+1.4*B11+

	A	B	C
1	甲公司财务预警模型		
2	项目	2014年度	2015年度
3	营业收入	6700	5390
4	息税前利润	1312	686
5	资产总额	4230	6427
6	营运资金	1970	1143
7	负债总额	1880	4410
8	留存收益	1016	612
9	股票市值	3804	1387
10	X1	0.47	0.18
11	X2	0.24	0.10
12	X3	0.31	0.11
13	X4	2.02	0.31
14	X5	1.58	0.84
15	Z	4.72	1.73
16	风险程度		
17			

Sheet1 Sheet2 Shee

图 10-11　计算 Z 值

8. 判断风险程度

在单元格 B16 中输入公式：＝IF(B15＞2.675,“财务状况良好”,IF(B15＜1.81,“存在破产危险”,“财务状况不稳定”)),拖动填充柄复制公式至单元格 C16,则两个年度对应的风险程度,如图 10-12 所示。

B16　=IF(B15>2.675,"财务

	A	B	C	D
1	甲公司财务预警模型			
2	项目	2014年度	2015年度	
3	营业收入	6700	5390	
4	息税前利润	1312	686	
5	资产总额	4230	6427	
6	营运资金	1970	1143	
7	负债总额	1880	4410	
8	留存收益	1016	612	
9	股票市值	3804	1387	
10	X1	0.47	0.18	
11	X2	0.24	0.10	
12	X3	0.31	0.11	
13	X4	2.02	0.31	
14	X5	1.58	0.84	
15	Z	4.72	1.73	
16	风险程度	财务状况良好	存在破产危险	
17				

Sheet1 Sheet2 Shee

图 10-12　判断风险程度

9. 决策分析

选择单元格 C15,单击主菜单栏中的“数据”,单击“假设分析”,选择下拉菜单中的“单变量求解”,在弹出的对话框中的“目标值”输入框中输入“2.68”,在“可变单元格”输入框中输入“＄C＄3”,确定后就可得到使风险程度改善为“财务状况良好”时的营业收入需要达到的值,如图 10-13 和图 10-14 所示。

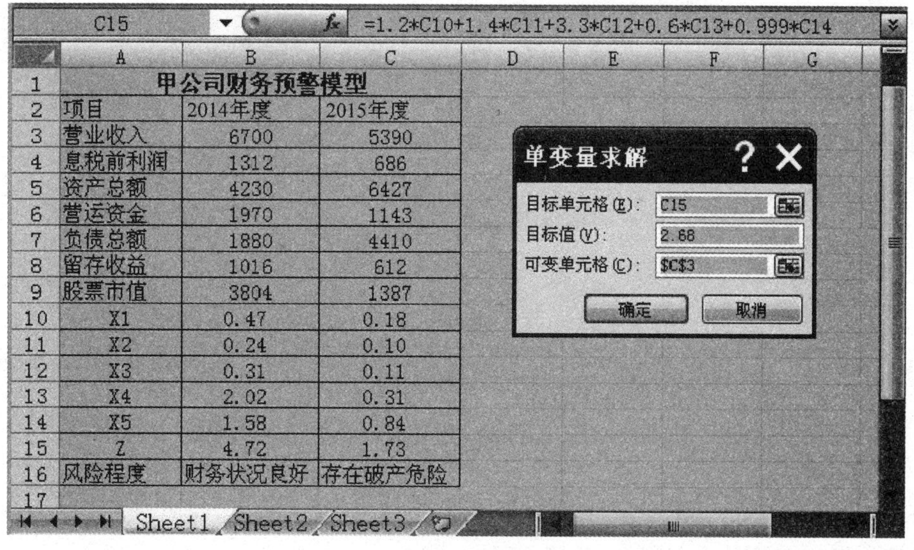
C15　=1.2*C10+1.4*C11+3.3*C12+0.6*C13+0.999*C14

	A	B	C
1	甲公司财务预警模型		
2	项目	2014年度	2015年度
3	营业收入	6700	5390
4	息税前利润	1312	686
5	资产总额	4230	6427
6	营运资金	1970	1143
7	负债总额	1880	4410
8	留存收益	1016	612
9	股票市值	3804	1387
10	X1	0.47	0.18
11	X2	0.24	0.10
12	X3	0.31	0.11
13	X4	2.02	0.31
14	X5	1.58	0.84
15	Z	4.72	1.73
16	风险程度	财务状况良好	存在破产危险
17			

图 10-13　决策分析

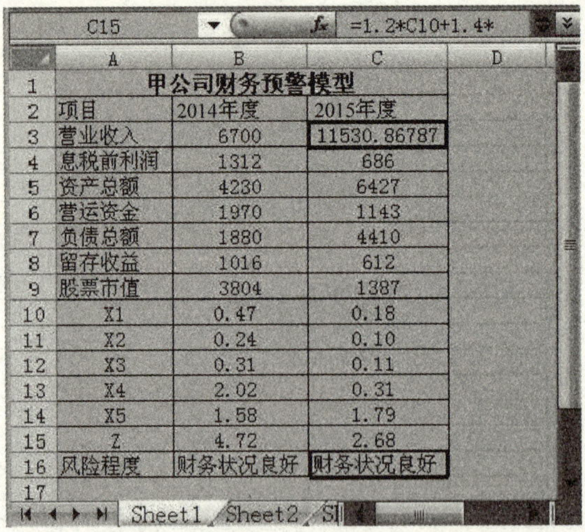

C15 =1.2*C10+1.4*

	A	B	C	D
1	甲公司财务预警模型			
2	项目	2014年度	2015年度	
3	营业收入	6700	11530.86787	
4	息税前利润	1312	686	
5	资产总额	4230	6427	
6	营运资金	1970	1143	
7	负债总额	1880	4410	
8	留存收益	1016	612	
9	股票市值	3804	1387	
10	X1	0.47	0.18	
11	X2	0.24	0.10	
12	X3	0.31	0.11	
13	X4	2.02	0.31	
14	X5	1.58	1.79	
15	Z	4.72	2.68	
16	风险程度	财务状况良好	财务状况良好	
17				

Sheet1 Sheet2 Sl

图 10-14 决策分析

【应用与练习】

1. 某车间2015年8月份的成本预算资料如下：可控成本总额为30 000元，其中固定成本为10 000元；不可控成本为25 000元，全部为固定成本；预算产量为5 000件。8月份的实际成本资料如下：可控成本为32 000元；不可控成本为28 000元，实际产量为6 000件。该车间为成本中心。

要求：

(1) 计算预算单位变动成本；

(2) 计算其责任成本变动额和变动率；

(3) 评价该车间成本控制业绩。

2. 某百货公司下设一化妆品部，2015年销售收入为300万元，变动成本率为70%，固定成本为50万元，其中折旧20万元。

要求：

(1) 若该化妆品部为利润中心，其固定成本中只有折旧为不可控的，试评价该部门经理业绩，评价该部门对百货公司的贡献有多大？

(2) 若该部门为投资中心，其所占用的资产总额为150万元，该公司要求的最低投资报酬率为15%，试计算该部门的部门投资报酬率和剩余收益。

3. 沪闵公司2014年和2015年两个年度的有关资料见表10-2。

表 10-2 沪闵公司 2014 年和 2015 年两个年度的有关资料表 单位：万元

项　目	2014年	2015年	项　目	2014年	2015年
营业收入	5 900	2 820	负债总额	2 390	3 910
息税前利润	512	86	留存收益	216	120
资产总额	3 430	5 926	股票市价总额	3 040	1 018
营运资金	1 380	642			

要求：运用Z值计分模型进行财务预警分析。

第11章 企业价值评估

企业价值评估的目的是确定一个企业(或者企业内部的一个经营单位、分支机构)的公平市场价值并提供有关信息,以帮助投资人和管理当局改善决策。企业价值评估提供的信息不仅仅是企业价值一个数字,还包括评估过程产生的大量信息。企业价值评估常用的模型有现金流量折现模型、经济利润模型和相对价值模型。

实验 11.1 预测财务报表模型

11.1.1 实验案例

某企业基期财务报表见表 11-1。

表 11-1 某企业基期财务报表

年	0
利润表	
销售	1 000
销货成本	−500
负债的利息费用	−32
现金和现金等价物的利息收入	6
折旧费用	−100
税前利润	374
所得税	−94
税后利润	281
现金股利	−112
未分配的利润	168
资产负债表	
现金和流动证券	80
流动资产	150
固定资产	
按成本价格	1 070
折旧	−300
固定资产净值	770
总资产	1 000

续表

流动负债	80
长期负债	320
股本金	450
累计未分配的利润	150
负债和股东权益总计	1 000

假设该公司主营业务收入每年按10%的比率增长。其他预期财务报表项目与主营业务收入的关系如下：

流动资产：假设为年销售收入的15%。

流动负债：假设为年销售收入的8%。

固定资产净值：假设为年主营业务收入的77%。

年折旧额：假设为年固定资产账面平均额的10%。

固定资产原值：为固定资产净值加累计折旧。

长期负债：五年内不变即公司不偿还已有的债务，在五年内也不借入资金。

现金及现金等价物为资产负债表的触发变量。

所得税税率为25%。

11.1.2 实验目的

学习建立预测财务报表的方法，通过设定销售收入增长率，预测报表项目与销售收入的关系，以及触发变量，建立预测财务报表模型。

11.1.3 知识预备

预计财务报表是财务分析的主要工具，可应用在评价公司及公司证券方面，它也是信用分析的基础。通过考察预计财务报表可以预测未来年度公司所需融资是多少。当财务和销售数据变化时，可以通过财务报表模型了解公司受到的影响。

1. 预计财务报表模型是由销售驱动的，假设资产负债表和利润表的项目多数是直接与销售相关的，另外一些项目由公司相关政策决定。一般来说，资产负债表中资产项目都设为销售收入的函数。流动负债一般也设为销售收入的函数，而余下的长期负债和所有者权益由公司的政策决定。

2. 触发变量在预计财务报表中，为了确保资产负债表的平衡设置的变量。通过对预计财务报表模型求解获得。如将触发变量设为“现金及现金等价物”，公司没有进行股票融资，没有偿还原有的负债，也没有增加负债，意味着公司所有的融资都来自公司内部的积累。

3. 利润表中的等式：

预测销售收入＝初始销售收入×(1＋销售增长率)年数(设定销售增长率为已知)

预测销售成本＝预测销售收入×(初始销售成本/初始销售收入)(设定初始销售成本/初始销售收入，在预测期保持不变)

预测负债的利息费用＝负债利息率×年平均负债

预测现金及现金等价物的利息收入＝存款利息率×现金及现金等价物年平均余额

预测折旧费用＝折旧率×固定资产原值的年平均值

税前利润＝销售收入－销售成本－债务利息费用＋现金及现金等价物的利息收入－折旧费用

所得税＝税率×税前利润

现金股利＝股利支付率×税后利润

未分配利润＝税后利润－现金股利

4. 资产负债表中的等式：

现金及现金等价物＝负债与所有者权益合计－除现金及现金等价物外的流动资产－固定资产净值(该变量为触发变量通过对模型求解获得，以保证资产负债表的平衡)

预测流动资产＝(初始流动资产/初始销售收入)×预测销售收入

预测固定资产净值＝初始固定资产净值/初始销售收入×预测销售收入

累计折旧＝上年累计折旧＋折旧率×固定资产原值的年平均值

固定资产原值＝净固定资产＋累计折旧

流动负债＝初始流动负债/初始销售收入×预测销售收入

长期负债和除未分配利润外的所有者权益不变。

累计未分配利润＝上一年的累计未分配利润＋本年增加的未分配利润

11.1.4 操作步骤

本实验的操作步骤如下：

(1) 创建工作簿，输入数据至工作表；

(2) 输入预测公式；

(3) 对模型进行求解；

(4) 将模型扩展到 5 年。

具体操作如下：

1. 创建一个工作簿

创建一工作表，将其命名为“预测财务报表模型”，将“Sheet1”工作表重命名为“预测利润表和资产负债表”，将预测财务报表与销售收入关系的数据以及其他有关数据输入到工作表中，如图 11-1 所示。

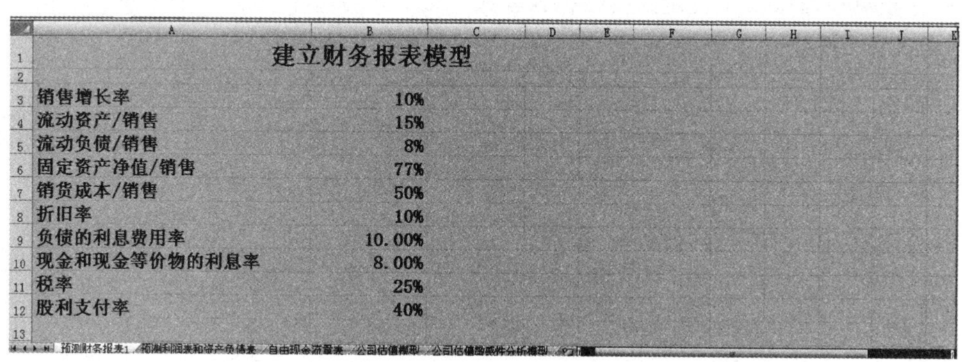

	A	B
1	建立财务报表模型	
2		
3	销售增长率	10%
4	流动资产/销售	15%
5	流动负债/销售	8%
6	固定资产净值/销售	77%
7	销货成本/销售	50%
8	折旧率	10%
9	负债的利息费用率	10.00%
10	现金和现金等价物的利息率	8.00%
11	税率	25%
12	股利支付率	40%
13		

图 11-1　创建工作簿

2. 输入基期的利润表和资产负债表

如图 11-2 和图 11-3 所示。

年	0
损益表	
销售收入	1,000
销货成本	(500)
负债的利息费用	(32)
现金和流动证券的利息收入	6
折旧费用	(100)
税前利润	374
所得税	(94)
税后利润	281
现金股利	(112)
未分配的利润	168

图 11-2　基期利润表

资产负债表	
现金和现金等价物	80
流动资产	150
固定资产	
按成本价格	1,070
折旧	(300)
固定资产净值	770
总资产	1,000
流动负债	80
长期负债	320
股本金	450
累计未分配的利润	150
负债和股东权益总计	1,000

图 11-3　基期资产负债表

3. 在预测项目依次按设定的关系输入公式

如图 11-4 所示。

4. 对模型进行求解

为了保证 Excel 已对输入的数据进行计算，在主菜单 Office 按钮—Excel 选项—公式中选择重新计算选项和启用迭代计算选项，单击“确定”按钮，如图 11-5 所示。

5. 将预测财务报表扩展到 5 年

将预测财务报表扩展到 5 年，不需要重复进行公式的输入，只需利用填充柄把公式复制到相邻的列就可以自动进行模型的扩展。如图 11-6 和图 11-7 所示。

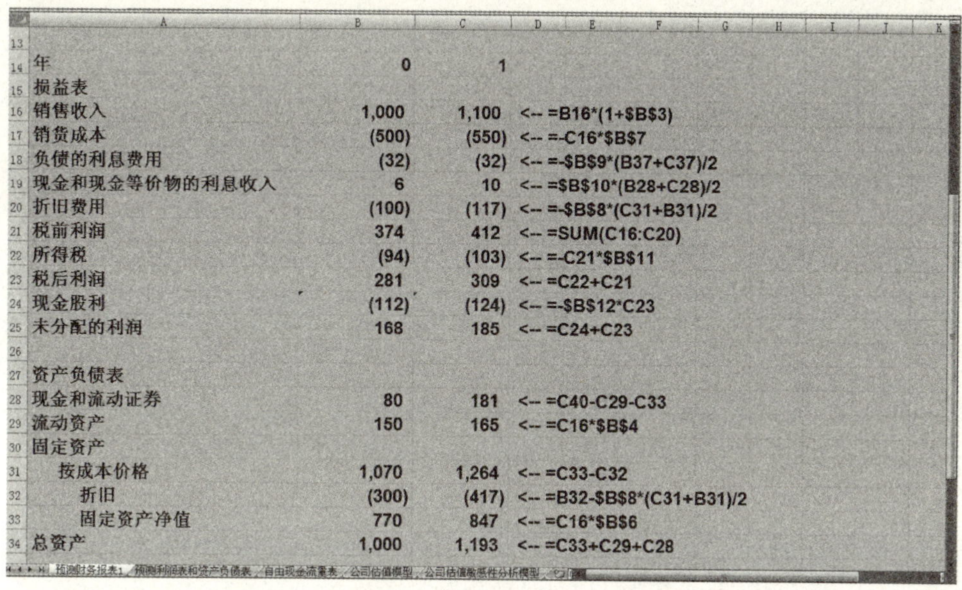

	A	B	C	D
13				
14	年	0	1	
15	损益表			
16	销售收入	1,000	1,100	<-- =B16*(1+$B$3)
17	销货成本	(500)	(550)	<-- =-C16*$B$7
18	负债的利息费用	(32)	(32)	<-- =-$B$9*(B37+C37)/2
19	现金和现金等价物的利息收入	6	10	<-- =$B$10*(B28+C28)/2
20	折旧费用	(100)	(117)	<-- =-$B$8*(C31+B31)/2
21	税前利润	374	412	<-- =SUM(C16:C20)
22	所得税	(94)	(103)	<-- =-C21*$B$11
23	税后利润	281	309	<-- =C22+C21
24	现金股利	(112)	(124)	<-- =-$B$12*C23
25	未分配的利润	168	185	<-- =C24+C23
26				
27	资产负债表			
28	现金和流动证券	80	181	<-- =C40-C29-C33
29	流动资产	150	165	<-- =C16*$B$4
30	固定资产			
31	按成本价格	1,070	1,264	<-- =C33-C32
32	折旧	(300)	(417)	<-- =B32-$B$8*(C31+B31)/2
33	固定资产净值	770	847	<-- =C16*$B$6
34	总资产	1,000	1,193	<-- =C33+C29+C28

图 11-4 在预测项目依次按设定的关系输入公式

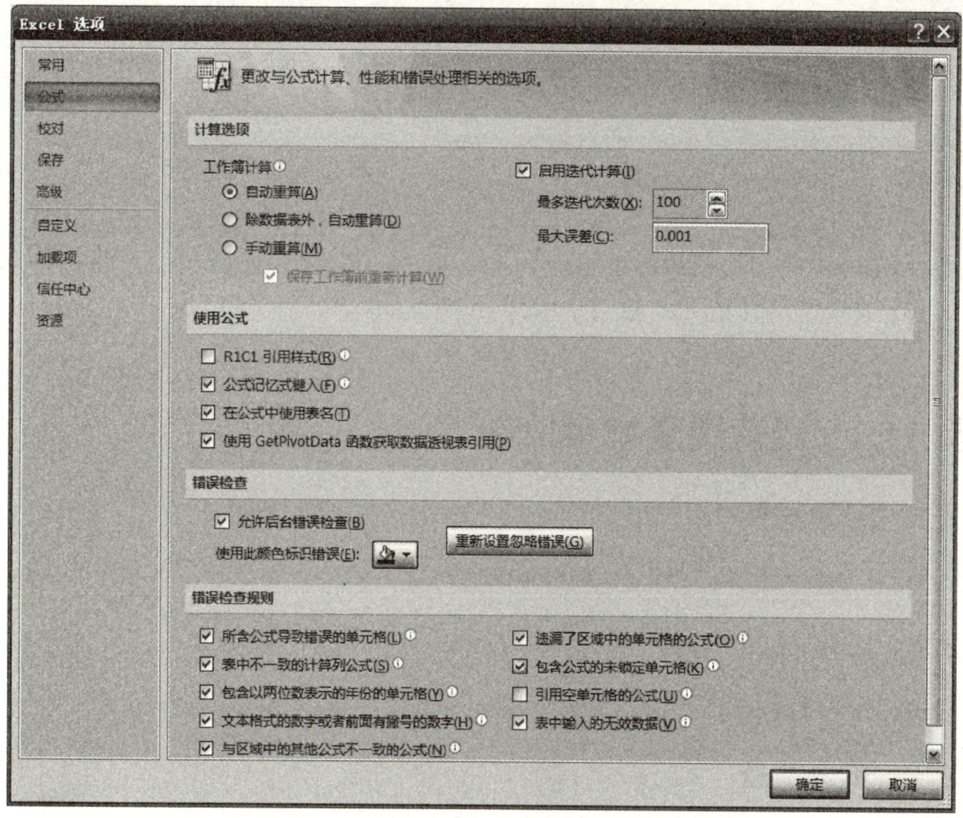

图 11-5 对模型进行求解

年	0	1	2	3	4	5
损益表						
销售收入	1,000	1,100	1,210	1,331	1,464	1,611
销货成本	(500)	(550)	(605)	(666)	(732)	(805)
负债的利息费用	(32)	(32)	(32)	(32)	(32)	(32)
现金和流动证券的利息收入	6	10	19	28	39	50
折旧费用	(100)	(117)	(137)	(161)	(189)	(220)
税前利润	374	412	455	501	550	604
所得税	(94)	(103)	(114)	(125)	(138)	(151)
税后利润	281	309	341	375	413	453
现金股利	(112)	(124)	(136)	(150)	(165)	(181)
未分配的利润	168	185	205	225	248	272

图 11-6 将预测财务报表扩展

资产负债表						
现金和现金等价物	80	181	293	417	553	702
流动资产	150	165	182	200	220	242
固定资产						
按成本价格	1,070	1,264	1,486	1,740	2,031	2,364
折旧	(300)	(417)	(554)	(715)	(904)	(1,124)
固定资产净值	770	847	932	1,025	1,127	1,240
总资产	1,000	1,193	1,407	1,642	1,900	2,183
流动负债	80	88	97	106	117	129
长期负债	320	320	320	320	320	320
股本金	450	450	450	450	450	450
累计未分配的利润	150	335	540	765	1,013	1,284
负债和股东权益总计	1,000	1,193	1,407	1,642	1,900	2,183

图 11-7 将预测财务报表扩展

实验 11.2 经营现金流量模型

11.2.1 实验案例

利用上一实验的预测财务报表,编制预测现金流量表,以确定公司年自由现金流量。

11.2.2 实验目的

通过实验学习自由现金流量的计算方法。

11.2.3 知识预备

自由现金流量等于企业的(即将公司不包括利息收支的营业利润扣除实付所得税税金之后的数额)加上折旧及摊销等非现金支出,再减去营运资本的追加和物业厂房设备及其他资产方面的投资。它是公司所产生的税后现金流量总额,可以提供给公司资本的所有提供者，包括债权人和股东。

自由现金流量＝税后利润＋折旧＋税后利息支出(净)—流动资产的增加＋流动负债的增加—固定资产原值的增加。

11.2.4　操作步骤

本实验的操作步骤如下：

(1) 打开工作簿，输入数据至工作表；

(2) 对模型进行求解；

(3) 将模型扩展到 5 年。

具体操作如下：

1. 打开工作簿

打开工作簿“预测财务报表模型”，将 Sheet3 重命名为自由现金流量表。

2. 在工作表中输入相关项目

在 C4 单元格输入＝预测利润表和资产负债表!B23；

在 C5 单元格输入＝－预测利润表和资产负债表!C20；

在 C6 单元格输入＝－(预测利润表和资产负债表!C29－预测利润表和资产负债表!B29)；

在 C7 单元格输入＝预测利润表和资产负债表!C36－预测利润表和资产负债表!B36；

在 C8 单元格输入＝－(预测利润表和资产负债表!C31－预测利润表和资产负债表!B31)；

在 C9 单元格输入＝预测利润表和资产负债表!B18＊(1－25％)；

在 C10 单元格输入＝预测利润表和资产负债表!B19＊(1－25％)；

在 C11 单元格输入＝SUM(C4:C10)。

结果如图 11-8 所示。

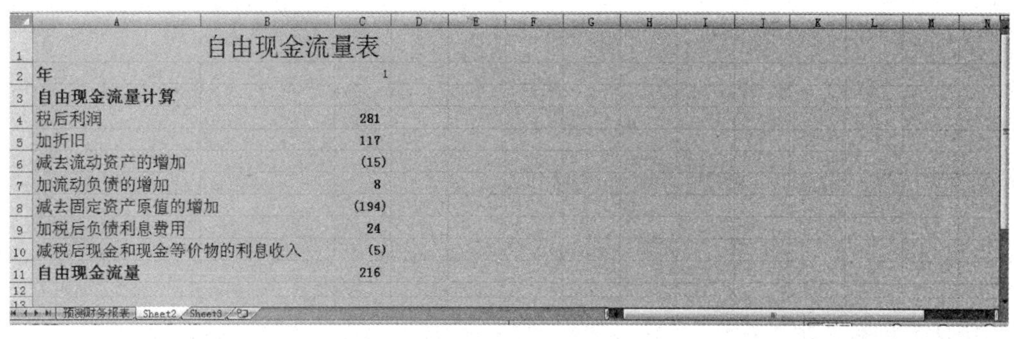

	A	B	C
1	自由现金流量表		
2	年		1
3	自由现金流量计算		
4	税后利润		281
5	加折旧		117
6	减去流动资产的增加		(15)
7	加流动负债的增加		8
8	减去固定资产原值的增加		(194)
9	加税后负债利息费用		24
10	减税后现金和现金等价物的利息收入		(5)
11	自由现金流量		216
12			

图 11-8　数据的输入

3. 自由现金流量的计算

然后利用填充柄将计算公式填充到相邻的 4 列，就可以求得以后 4 年的自由现金流量。如图 11-9 所示。

自由现金流量表					
年	1	2	3	4	5
自由现金流量计算					
税后利润	281	309	341	375	413
加折旧	117	137	161	189	220
减去流动资产的增加	(15)	(17)	(18)	(20)	(22)
加流动负债的增加	8	9	10	11	12
减去固定资产原值的增加	(194)	(222)	(254)	(291)	(333)
加税后负债利息费用	24	24	24	24	24
减税后现金和现金等价物的利息收入	(5)	(8)	(14)	(21)	(29)
自由现金流量	216	233	249	266	285

图 11-9 自由现金流量表

实验 11.3 企业价值模型

11.3.1 实验案例

利用上一实验获得的自由现金流量，假设企业可以永久保持每年 10%的增长率，企业资本成本为 20%，运用企业估价的现金流量模型计算企业的价值。

11.3.2 实验目的

通过对企业价值的计算模型的建立，加深对企业价值模型的理解。

11.3.3 知识预备

企业估值的现金流量模型。

企业价值等于其经营活动产生的自由现金流量和最后一年企业回收值的现值。

$$V = \sum_{t=1}^{n} \frac{\mathrm{CFC}_t}{(1+K)^t} + \frac{V_n}{(1+K)^n}$$

在本案例通过自由现金流表获得了 5 年的现金流量。还需要计算 V_5 即企业在第 5 年的价值。可用戈登模型计算。

$$V_5 = \frac{\mathrm{CFC}_5(1+g)}{(K-g)}$$

11.3.4 操作步骤

本实验的操作步骤如下：

(1) 打开工作簿，输入数据至工作表；

(2) 对模型进行求解。

具体操作如下：

1. 打开工作簿，“预测财务报表模型”，插入工作表 Sheet4，并将 Sheet4 重命名为公司估值模型。输入模型相关相关项目。

2. 将上一实验中获得的自由现金流量输入工作表。

3. 运用戈登模型计算公司在第 5 年的价值。即在单元格 G6 输入 =G5 * (1+B2)/

(B2－预测利润表和资产负债表！$B$3)。

4. 计算公司 1～5 年的现金流量。

5. 计算公司净现值。在 B9 单元格输入＝NPV(B2,C7:G7)。

6. 计算公司股权价值。

结果如图 11-10 所示。

	A	B	C	D	E	F	G
1	公司估值模型						
2	加权资本成本	20%					
3							
4	年	0	1	2	3	4	5
5	自由现金流量		216	233	249	266	285
6	第5年公司价值						3415
7	合计		216	233	249	266	3700
8							
9	公司净现值	2101					
10	初始年现金及现金等	80					
11	公司价值	2181					
12	减公司现在的负债	320					
13	公司股权的价值	1861					

图 11-10 公司估值模型

实验 11.4 企业估值模型的敏感性分析

11.4.1 实验案例

利用上一实验的企业估值模型，进行敏感性分析。分析销售收入增长率的变化对企业估值的影响，以及销售增长率和资本成本变化对企业估值的影响。假设增长了的变化范围是 0%～20%，资本成本的变化是 8%～28%。

11.4.2 实验目的

通过对企业价值的敏感性分析，加深对企业价值模型的理解。

11.4.3 知识预备

运用模拟运算表分别进行单因素和二因素敏感性分析。

11.4.4 操作步骤

本实验的操作步骤如下：

(1) 打开工作簿，输入数据至工作表；

(2) 建立销售收入增长率变化单因素模拟运算表；

(3) 建立销售收入增长率和资本成本二因素变化的模拟运算表。

具体操作如下：

1. 打开工作簿

打开工作簿“预测财务报表模型”，插入工作表 Sheet5，并将 Sheet5 重命名为“公司估值敏感性分析模型”。

2. 复制相关数据

将前面实验的工作表的内容复制到“公司估值敏感性分析模型”工作簿中。注意有些表格的数据和公式要重新输入,否则会造成计算错误或数据丢失。

3. 进行单因素敏感性分析

输入销售增长率的变化范围。在单元格 C76 输入=C67。选中 B76 到 C86 区域。单击主菜的数据—假设分析—数据表,出现图 11-11 所示。

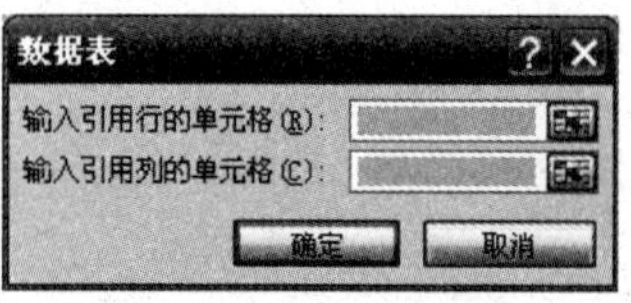

图 11-11 数据表

在输入引用的列单元格中选择 B3 即可。结果如图 11-12 所示。

	B	C
76	销售收入增长率	1861
77	0	1240
78	2%	1311
79	4%	1398
80	6%	1510
81	8%	1657
82	10%	1861
83	12%	2166
84	14%	2675
85	16%	3692
86	18%	6746

图 11-12 销售收入增长率

4. 进行二因素敏感性分析

输入销售增长和资本成本的变化范围。在 B94 单元格输入=C67,选中 B794 到 L104 区域。单击主菜的数据—假设分析—数据表,出现图 11-13 所示。

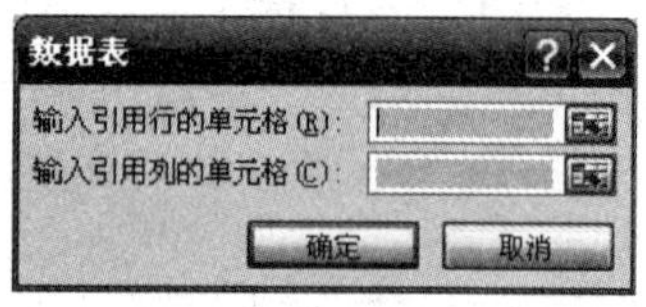

图 11-13 数据表

在输入引用的行单元格选择 C56,在输入引用的列单元格中选择 B3 即可。结果如图 11-14 所示。

	A	B	C	D	E	F	G	H	I	J	K
93			资本成本								
94		1,861	8%	10%	12%	14%	16%	18%	20%	24%	26%
95	销售增长率	0	3285	2614	2163	1837	1590	1396	1240	1002	910
96		2%	4158	3105	2468	2039	1729	1495	1311	1040	937
97		4%	5898	3919	2922	2319	1913	1620	1398	1084	969
98		6%	11107	5542	3676	2736	2168	1785	1510	1137	1005
99		8%	#DIV/0!	10404	5181	3430	2549	2015	1657	1203	1049
100		10%	(9713)	#DIV/0!	9690	4815	3181	2358	1861	1286	1103
101		12%	(4508)	(9035)	#DIV/0!	8966	4444	2929	2166	1395	1172
102		14%	(2775)	(4177)	(8346)	#DIV/0!	8234	4070	2675	1548	1263
103		16%	(1911)	(2561)	(3841)	(7646)	#DIV/0!	7494	3692	1778	1390
104		18%	(1397)	(1757)	(2343)	(3499)	(6938)	#DIV/0!	6746	2160	1581

图 11-14 销售增长率与资本成本

注：当资本成本小于销售增长率时，戈登模型不成立，无法计算出公司第 5 年的价值，或数值为负数。

【应用与练习】

1. 甲企业第一年的现金股利为 1.2 元，以后现金股利保持每年 5%的增长率，企业的资本成本为 10%。乙企业 1～5 年的现金股利分别为 0.8 元、1 元、1.3 元、1.5 元和 1.8 元，从第 6 年开始现金股利保持每年 7%的增长率，公司资本成本为 12%。

要求：利用戈登模型分别计算甲、乙企业的价值。

2. 某公司希望在下 5 个年度里维持现金余额为 80 万元。同时希望既不发行新的股票，也不改变目前的负债水平。这意味着股利是资产负债表的触发变量。基期会计报表如图 11-15 所示。

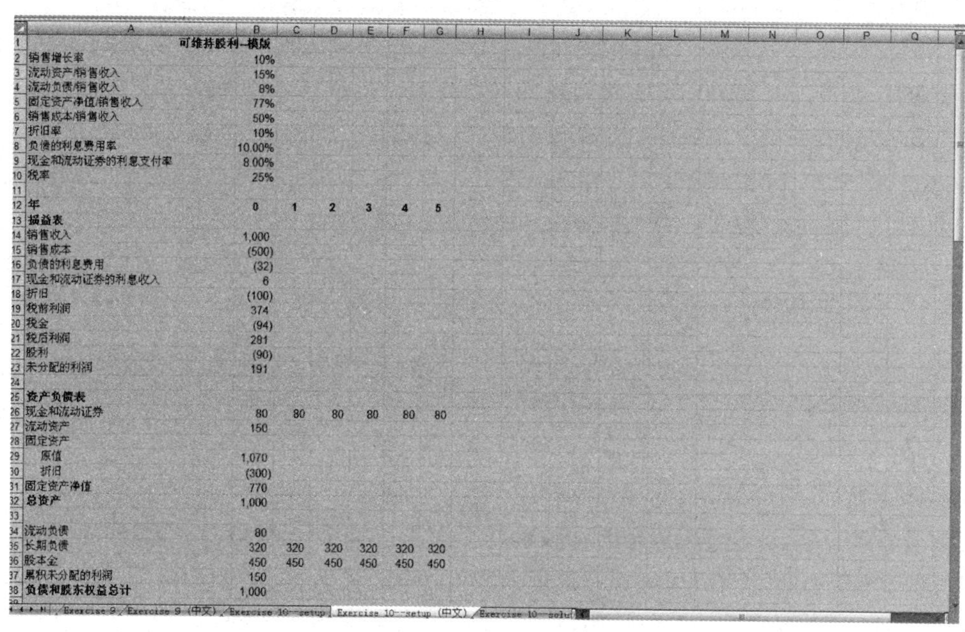

	A	B	C	D	E	F	G
1		**可维持股利--模版**					
2	销售增长率	10%					
3	流动资产/销售收入	15%					
4	流动负债/销售收入	8%					
5	固定资产净值/销售收入	77%					
6	销售成本/销售收入	50%					
7	折旧率	10%					
8	负债的利息费用率	10.00%					
9	现金和流动证券的利息支付率	8.00%					
10	税率	25%					
11							
12	**年**	**0**	**1**	**2**	**3**	**4**	**5**
13	**损益表**						
14	销售收入	1,000					
15	销售成本	(500)					
16	负债的利息费用	(32)					
17	现金和流动证券的利息收入	6					
18	折旧	(100)					
19	税前利润	374					
20	税金	(94)					
21	税后利润	281					
22	股利	(90)					
23	未分配的利润	191					
24							
25	**资产负债表**						
26	现金和流动证券	80	80	80	80	80	80
27	流动资产	150					
28	固定资产						
29	原值	1,070					
30	折旧	(300)					
31	固定资产净值	770					
32	**总资产**	1,000					
33							
34	流动负债	80					
35	长期负债	320	320	320	320	320	320
36	股本金	450	450	450	450	450	450
37	累积未分配的利润	150					
38	**负债和股东权益总计**	1,000					

图 11-15　某公司基期会计报表

要求：

(1) 建立企业预测财务报表模型，建立预测资产负债表和利润表；

(2)建立自由现金流量表模型，计算自由现金流量。

3. 根据上题企业自由现金流量，建立企业估值模型。加权资本成本为 15%。

对企业估值模型进行敏感性分析。增长率取 0%～20%，资本成本取 8%～20%。

第12章 上市公司财务报表分析

财务分析有两个不同的内容：一是进行企业之间的外部比较，它是用某一企业的财务指标与同行业的平均指标进行比较，以分析和比较该企业与同行业平均水平差异；二是进行企业的内部比较，它是用企业不同时期的财务指标进行比较，对企业不同时期的发展变化做出分析和判断。财务分析的基础是企业的财务报告，是最易直接得到的企业基础资料，尤其是上市公司。

实验 12.1 获取财务数据的方法

12.1.1 实验案例

通过 Excel 的 Web 查询功能获取深圳上市公司潍柴重机代码：000880 的财务报表数据。

12.1.2 实验目的

学习如何利用 Excel 的 Web 数据查询功能来获取资产负债表、利润表和现金流量表有关数据。获取财务报表数据是进行财分析的基础。

12.1.3 知识预备

熟悉资产负债表、利润表和现金流量表。

12.1.4 操作步骤

本实验的操作步骤如下：

(1) 创建工作簿，输入数据至工作表；

(2) 进行 Web 查询，获取会计报表。

具体操作如下：

1. 创建一个工作簿

创建一个工作簿，将其命名为“潍柴重机财务报表. xls”，将“Sheet1”工作表重命名为资产负债表。并输入报表的标题。

2. 建立 Web 查询

单击主菜单栏中的“数据”，然后选中“自网站”。出现如图 12-1 所示的对话框。

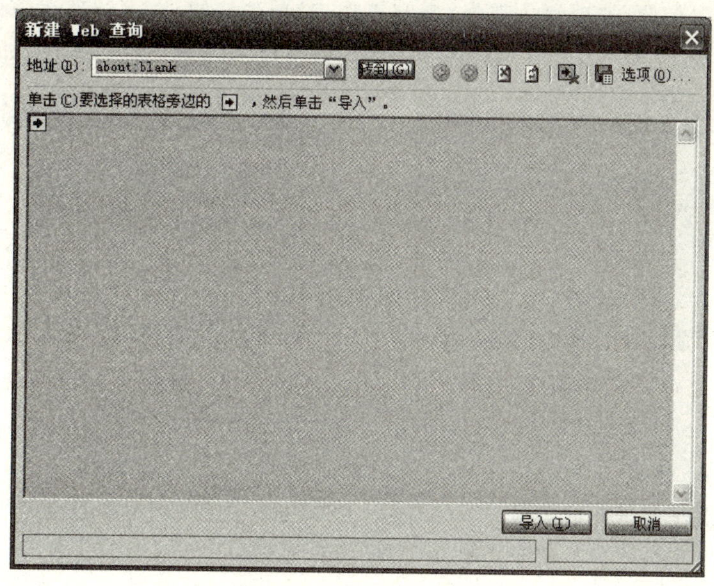

图 12-1　建立 Web 查询

在地址栏中输入 Web 地址：http://stockdata.stock.hexun.com/2008/zcfz.aspx?stockid=000880&accountdate=2010.12.31，也可先进入 http://stockdata.stock.hexun.com/000880.shtml 页面，然后在左侧选择财务数据，资产负债，出现如图 12-2 所示的页面，单击“全部会计年度”按钮，选择 2014 年年度，即可得到 2014 年的资产负债表，再将网址进行复制，粘贴到图 12-1 的地址栏。

网友互动
资金流向
财务评估
龙虎榜
关 注 度
价值评估
机构持仓
融资融券
大宗交易
主力控盘
股权分析
分红融资
财务数据
最新财务
ENGLISH
财务比率
资产负债
利润表
现金流量

资产负债 [ENGLISH]　全部会计年度

会计年度	2015.09.30	2015.06.30	2015.03.31
货币资金	551,413,780.77	420,151,074.53	453,143,051.49
交易性金融资产	--	--	--
应收票据	94,064,486.50	74,706,328.00	58,895,400.00
应收账款	126,692,691.20	154,318,027.02	191,873,021.30
预付款项	20,737,300.09	21,345,642.57	17,670,214.92
其他应收款	2,409,296.67	2,603,564.15	1,741,418.61
应收关联公司款	--	--	--
应收利息	751,100.00	782,800.00	372,979.49
应收股利	--	--	--
存货	534,651,285.11	524,754,401.96	551,728,695.92
其中：消耗性生物资产	--	--	--
一年内到期的非流动资产	--	--	--
其他流动资产	1,465,883.43	1,788,189.02	2,976,137.00
流动资产合计	1,332,185,823.77	1,200,450,027.25	1,278,400,918.73
可供出售金融资产	--	--	--

图 12-2　建立 Web 查询

然后单击“转到”按钮，如图 12-3 所示。

3. 导入资产负债表数据

单击资产负债表左侧的黄色箭头，然后单击“导入”，打开“导入数据”对话框。在该对话框的“数据放置位置”选项组中选择“现有工作表”单选按钮，在下拉列表中选择“=资产负债表＄A＄2”。单击“确定”按钮，即可将资产负债表的数据导入到工作簿中，如图 12-4 所示。

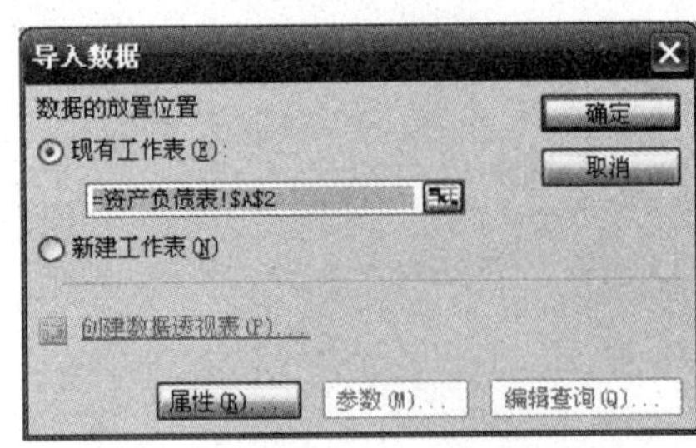

图 12-3　导入数据

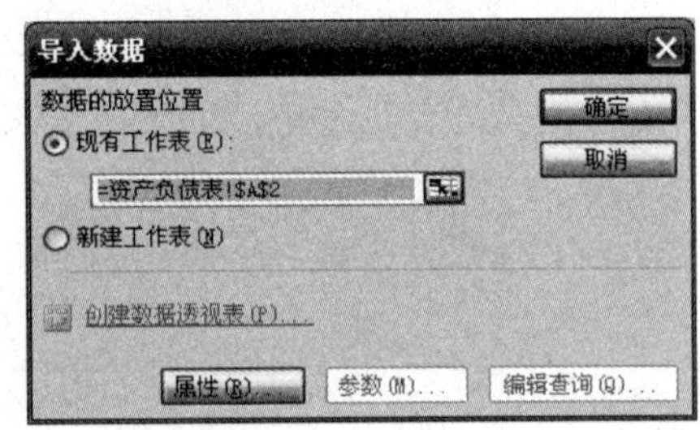

图 12-4　导入数据

4. 输入 Web 地址

重复以上操作可以获取 2009、2010、2011、2012、2013 和 2014 年的资产负债表数据。

对资产负债表格式进行调整后结果如图 12-5 所示。

	潍柴重机资产负债表					
2	会计年度	2008/12/31	2009/12/31	2010/12/31	2011.12.31	2013.12.31
3	货币资金	293,066,543.89	1,081,583,681.11	1,225,789,711.95	981,557,352.86	377,741,537.30
4	交易性金融资产	--	--	--	--	--
5	应收票据	25,248,000.00	473,858.93	850,000.00	100,000.00	--
6	应收账款	629,794.34	556,145.22	10,184,911.81	9,824,836.49	29,081,348.93
7	预付款项	1,420,919.70	10,654,610.02	55,317,520.76	19,792,773.46	53,524,017.75
8	其他应收款	935,672.77	792,920.85	874,436.27	2,309,376.96	1,777,763.98
9	应收关联公司款	--	--	--	--	--
10	应收利息	--	--	--	--	--
11	应收股利	--	--	--	--	--
12	存货	183,040,508.97	113,022,165.00	165,673,610.75	212,281,591.48	474,432,492.98
13	其中：消耗性生物资产	--	--	--	--	
14	一年内到期的非流动资产	--	--	--	--	
15	其他流动资产	--	--	--	8,174,990.[illegible]	6,032,934.75
16	流动资产合计	504,341,439.67	1,207,083,381.13	1,458,690,191.54	1,234,040,921.79	942,590,095.69
17	可供出售金融资产	--	--	--	--	--
18	持有至到期投资	--	--	--	--	--
19	长期应收款	--	--	--	--	--
20	长期股权投资	--	--	180,000,000.00	193,198,918.51	418,491,013.24
21	投资性房地产	--	--	--	--	--

图 12-5　潍柴重机资产负债表

5. 将“Sheet2”工作表重命名为利润表

单击主菜单栏中的“数据”，然后双击“自网站”。在地址栏中输入 Web 地址：http://stockdata.stock.hexun.com/2008/lr.aspx? stockid=000880&accountdate=2010.12.31。单击【转到】按钮，即出现如图 12-6 所示的对话框。

6. 将利润表的数据导入到工作簿中

单击利润表左侧的黄色箭头，然后单击导入。选择利润表的起始位置为=＄A＄2。即可将利润表的数据导入到工作簿中，如图 12-7 所示。

7. 输入 Web 地址

重复以上操作可以获取 2009 年至 2014 年的利润表数据，对利润表格式进行调整后结果如图 12-8 所示。

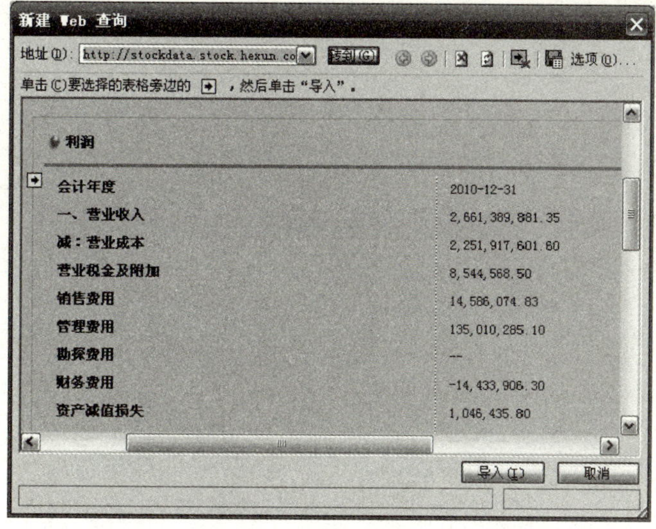

图 12-6　导入利润表数据

	A	B	C	D	E	F	G
1	潍柴重机利润表						
2	会计年度	2010-12-31					
3	一、营业收入	2,661,389,881.35					
4	减：营业成本	2,251,917,601.60					
5	营业税金及附加	8,544,568.50					
6	销售费用	14,586,074.83					
7	管理费用	135,010,285.10					
8	勘探费用	—					
9	财务费用	-14,433,906.30					
10	资产减值损失	1,046,435.80					
11	加：公允价值变动净收益	—					
12	投资收益	—					
13	其中：对联营企业和合营企业的投资收益	—					
14	影响营业利润的其他科目	—					
15	二、营业利润	264,718,821.82					
16	加：补贴收入	—					
17	营业外收入	985,714.65					
18	减：营业外支出	133,073.16					
19	其中：非流动资产处置净损失	133,073.16					
20	加：影响利润总额的其他科目	—					
21	三、利润总额	265,571,463.31					
22	减：所得税	47,807,394.93					
23	加：影响净利润的其他科目	—					
24	四、净利润	217,764,068.38					
25	归属于母公司所有者的净利润	217,764,068.38					
26	少数股东损益	—					
27	五、每股收益	—					
28	（一）基本每股收益	0.79					
29	（二）稀释每股收益	0.79					

Sheet1 / Sheet2 / Sheet3

图 12-7　利润表的数据导入工作簿

潍柴重机利润表						
会计年度	2008/12/31	2009/12/31	2010/12/31	2011.12.31	2013.12.31	2014.12.31
一、营业收入	1,181,071,147.96	2,337,224,559.36	2,661,389,881.35	2,381,931,836.35	2,323,740,474.94	3,076,471,293.
减：营业成本	1,016,845,307.04	1,960,813,485.60	2,251,917,601.60	2,042,047,957.90	2,040,409,679.47	2,714,875,438.
营业税金及附加	4,389,511.58	10,854,168.65	8,544,568.50	7,363,998.51	5,543,066.42	9,084,819.
销售费用	14,232,323.34	19,902,235.88	14,586,074.83	28,177,122.78	60,749,909.93	114,608,632.
管理费用	60,627,776.88	121,118,184.04	135,010,285.10	131,740,208.17	156,981,550.26	211,031,713.
勘探费用	—	—	—	—	—	—
财务费用	-4,140,178.74	-8,192,463.72	-14,433,906.30	-18,705,155.41	-13,518,378.37	-12,862,188.
资产减值损失	-198,001.28	2,291,345.83	1,046,435.80	95,695.79	56,013,772.30	23,900,415.
加：公允价值变动净收益	—	—	—	—	—	—
投资收益	—	—	—	9,268,423.47	22,178,217.25	30,827,407.
其中：对联营企业和合营企业的投资收益	—	—	—	—	22,178,217.25	30,827,407.
影响营业利润的其他科目	—	—	—	—	—	—
二、营业利润	89,314,409.14	230,437,603.08	264,718,821.82	200,480,432.08	39,739,092.18	46,659,869.
加：补贴收入	—	—	—	—	—	—
营业外收入	626,183.86	463,402.48	985,714.65	3,462,880.71	4,647,205.83	5,763,419.
减：营业外支出	32,782.48	248,373.44	133,073.16	366,735.53	9,642.74	220,847.
其中：非流动资产处置净损失	—	239,857.12	133,073.16	76,134.28	9,489.96	190,169.
加：影响利润总额的其他科目	—	—	—	—	—	—
三、利润总额	89,907,810.52	230,652,632.12	265,571,463.31	203,576,577.26	44,376,655.27	52,202,441.

图 12-8　潍柴重机利润表

8. 将“Sheet3”工作表重命名为现金流量表

单击主菜单栏中的“数据”,然后双击“自网站”。在地址栏中输入 Web 地址:http://stockdata.stock.hexun.com/2008/xjll.aspx?stockid=000880&accountdate=2010.12.31。单击【转到】按钮,即出现如图 12-9 所示的对话框。

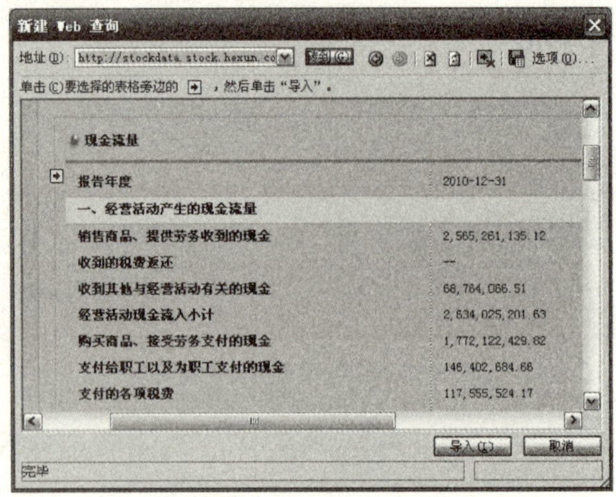

图 12-9　导入现金流量数据

9. 把现金流量表数据导入到工作簿中

选择现金流量表左侧的黄色按钮,单击导入,选择利润表的起始位置为=$A$2,即可把现金流量表数据导入到工作簿中,如图 12-10 所示。

	A	B	C
1	潍柴重机2010年度现金流量表		
2	报告年度	2010-12-31	
3			
4	一、经营活动产生的现金流量		
5			
6	销售商品、提供劳务收到的现金	2,565,261,135.12	
7	收到的税费返还	--	
8	收到其他与经营活动有关的现金	68,764,066.51	
9	经营活动现金流入小计	2,634,025,201.63	
10	购买商品、接受劳务支付的现金	1,772,122,429.82	
11	支付给职工以及为职工支付的现金	146,402,684.66	
12	支付的各项税费	117,555,524.17	
13	支付其他与经营活动有关的现金	41,302,395.98	
14	经营活动现金流出小计	2,077,383,034.63	
15	经营活动产生的现金流量净额	556,642,167.00	
16			
17	二、投资活动产生的现金流量		
18			
19	收回投资收到的现金	--	
20	取得投资收益收到的现金	--	
21	处置固定资产、无形资产和其他长期资产收回的现金	230,640.00	
22	处置子公司及其他营业单位收到的现金净额	--	
23	收到其他与投资活动有关的现金	--	
24	投资活动现金流入小计	230,640.00	
25	购建固定资产、无形资产和其他长期资产支付的现金	289,498,644.29	
26	投资支付的现金	180,000,000.00	
27	取得子公司及其他营业单位支付的现金净额	--	

资产负债表 / 利润表 / 现金流量表 / 财务报表分析指标

图 12-10　潍柴重机现金流量表

实验 12.2　财务指标的建立与分析

12.2.1　实验案例

利用上一实验获得的深圳上市公司潍柴重机的财务报表数据，计算财务指标。

12.2.2　实验目的

对获取的财务报表数据进行财分析，利用 Excel 的 Web 数据查询功能可以获取资产负债表、利润表和现金流量表有关数据，计算偿债能力指标、营运能力指标和获利能力指标。

12.2.3　知识预备

财务分析的比率指标。短期偿债能力指标包括流动比率、速度比率和现金比率，长期偿债能力指标包括资产负债率和权益乘数。营运能力指标包括应收账款周转率、存货周转率、流动资产周转率和总资产周转率。获利能力指标包括营业利润率、成本费用利润率、总资产报酬率和净资产报酬率。发展能力指标包括营业收入增长率、总资产增长率和营业率增长率。

12.2.4　操作步骤

本实验的操作步骤如下：

(1) 打开工作簿，输入数据至工作表；

(2) 输入公式，计算财务比率.

具体操作如下：

1. 打开工作簿，输入数据至工作表

打开上一实验建立的“潍柴重机财务报表”工作簿，单击菜单中的插入——工作表，“Sheet4”将其重命名为财务分析指标。

2. 输入需要计算的财务指标

在 B4 单元格输入公式“＝资产负债表!B16/资产负债表!B49”计算流动比率。

在 B5 单元格输入公式“＝(资产负债表!B16－资产负债表!B12)/资产负债表!B49”计算速动比率。

在 B6 单元格输入公式“＝资产负债表!B3/资产负债表!B49”计算现金比率。

在 B7 单元格输入公式“＝资产负债表!B35/资产负债表!B68”计算权益乘数。

在 B8 单元格输入公式“＝资产负债表!B58/资产负债表!B35”计算资产负债率。

在 B11 单元格输入公式“＝利润表!B3 * 2/(资产负债表!B6＋资产负债表!C6)”计算应收账款周转率。

在 B12 单元格输入公式“＝利润表!B3 * 2/(资产负债表!B16＋资产负债表!C16)”计

算流动资产周转率。

在 B13 单元格输入公式"＝利润表!B3 * 2/(资产负债表!B12＋资产负债表!C12)"计算存货周转率。

在 B14 单元格输入公式"＝利润表!B3 * 2/资产负债表!B35"计算总资产周转率。

在 B17 单元格输入公式"＝利润表!B24/资产负债表!B68"计算净资产报酬率。

在 B18 单元格输入公式"＝利润表!B24/资产负债表!B35"计算总资产收益率。

在 B19 单元格输入公式"＝利润表!B15/利润表!B3"计算营业利润率。

在 B20 单元格输入公式"＝利润表!B24/(利润表!B4＋利润表!B5＋利润表!B6＋利润表!B9)"计算成本费用利润率。

在 B23 单元格输入公式"＝(利润表!B3—利润表!C3)/利润表!C3"计算营业收入增长率。

在 B24 单元格输入公式"＝(利润表!B24—利润表!C24)/利润表!C24"计算净利润增长率。

在 B25 单元格输入公式"＝(资产负债表!B35—资产负债表!C35)/资产负债表!C35"计算总资产增长率。

在 B26 单元格输入公式"＝(资产负债表!B68—资产负债表!C68)/资产负债表!C68"计算净资产增长率。

只需把公式复制到相邻的列就可以自动计算出 2009 年的财务指标。计算结果如图 12-11 所示。

	A	B	C	D	E	F	G	H
1			财务报表分析指标					
2	会计年度	2008	2009	2010	2011	2012	2013	2014
3	偿债能力指标							
4	流动比率	1.04	1.00	0.95	0.78	0.64	0.59	0.64
5	速动比率	0.66	0.91	0.84	0.64	0.46	0.29	0.39
6	现金比率	0.60	0.90	0.79	0.62	0.42	0.24	0.29
7	权益乘数	1.94	2.74	2.74	2.50	2.36	2.40	2.81
8	资产负债率	0.48	0.63	0.64	0.60	0.58	0.58	0.64
9								
10	运营能力指标							
11	应收帐款周转率	1991.79	435.19	266.01	90.48	58.55	21.16	32.29
12	流动资产周转率	1.38	1.75	1.98	2.17	2.21	1.99	4.41
13	存货周转率	7.98	16.77	14.08	10.03	5.71	4.58	11.41
14	总资产周转率	1.18	1.23	1.06	0.85	0.76	0.80	0.87
15								
16	获利能力指标							
17	净资产报酬率	13.37%	25.68%	23.82%	17.82%	6.26%	3.25%	3.71%
18	总资产收益率	6.90%	9.39%	8.69%	7.13%	2.65%	1.35%	1.32%
19	营业利润率	7.56%	9.86%	9.95%	8.42%	3.76%	1.71%	1.52%
20	成本费用利润率	6.71%	9.02%	9.63%	9.67%	3.93%	1.88%	1.65%

图 12-11 财务报表分析指标

流动比率自 2008 年起总体趋势下降，说明公司流动资金比较紧张，存在一定的短期偿债风险。公司应收账款周转率 2008 年为 1 991.79，说明公司大部分销售是现销，赊销比重较低，2008 年的应收账款仅为 62.9 万元，应收票据为 2 524.8 万元。2010 年后公司应收账款有了大幅度的增加，应收票据大幅度下降，说明赊销成为企业的主要销售方式。也可以说明企业所在的市场从买方市场逐渐变为卖方市场。

实验 12.3　财务报表综合分析方法

12.3.1　实验案例

利用上一实验获得的深圳上市公司潍柴重机的财务报表指标数据进行杜邦综合分析。

12.3.2　实验目的

通过实验加深对杜邦综合分析的理解，把孤立的财务指标联系在一起。

12.3.3　知识预备

杜邦分析体系是将对净资产收益率分解为营业收入净利润率、总资产周转率和权益乘数三部分的财务指标分析体系。

营业收入利润率＝净利润/营业收入

总资产周转率＝营业收入/总资产

权益乘数＝总资产/所有者权益

净资产收益率＝净利润/所有者权益

净资产收益率＝营业收入净利润率×总资产周转率×权益乘数

12.3.4　操作步骤

本实验的操作步骤如下：

打开工作簿，利用上一实验的财务分析指标工作表进行杜邦综合分析。如图 12-12 所示。

	杜邦分析						
年度	2008	2009	2010	2011	2012	2013	2014
净资产报酬率	13.41%	25.78%	23.76%	17.77%	6.30%	3.24%	3.72%
营业收入净利润率	5.86%	7.65%	8.18%	8.36%	3.51%	1.69%	1.52%
总资产周转率	1.18	1.23	1.06	0.85	0.76	0.8	0.87
权益乘数	1.94	2.74	2.74	2.5	2.36	2.4	2.81

图 12-12　杜邦综合分析

杜邦分析体系把对净资产利润率的考核分解为营业收入净利润率、总资产周转率和权益乘数三部分，分别看每项指标对净资产收益率的贡献。2014 年第一行的营业净利润率为 1.52%，总资产周转率为 0.87，由于权益乘数较大为 2.81，企业的净资产利润率较高。在这三项指标中，权益乘数贡献最大。由于公司的负债率较高，放大了净资产收益率。该公司应注意的是控制可能出现的财务风险，适当降低负债率。2012 年开始净资产报酬率大幅下降，是由于营业收入净利润率和总资产周转率都大幅下降。可以和宏观经济环境的变化联系起来进行分析。

【应用与练习】

1. 工商银行 2010 年资产负债表和利润表如图 12-13 所示。

A1 fx 工商银行资2010产负债表

	A	B	C	D	E	F
1	工商银行资2010产负债表			工商银行2010利润表		
2	会计年度	2010-12-31		会计年度	2010-12-31	
3	现金及存放同业款项	--		一、营业收入	380,821,000,000.00	
4	货币资金	--		利息净收入	303,749,000,000.00	
5	其中：客户资金存款	--		利息收入	462,762,000,000.00	
6	存放中央银行款项	2,282,999,000,000.00		利息支出	159,013,000,000.00	
7				手续费及佣金净收入	72,840,000,000.00	
8	贵金属	10,226,000,000.00		手续费及佣金收入	78,008,000,000.00	
9	拆出资金	64,918,000,000.00		投资收益	3,275,000,000.00	
10	交易性金融资产	12,986,000,000.00		其中：对联营企业和合营企业的投资收益	2,146,000,000.00	
11	衍生金融资产	13,332,000,000.00		公允价值变动收益	108,000,000.00	
12	买入返售金融资产	262,227,000,000.00		汇兑收益	735,000,000.00	
13	发放贷款及垫款	6,623,372,000,000.00		其他业务收入	114,000,000.00	
14	可供出售金融资产	904,795,000,000.00		二、营业支出	166,334,000,000.00	
15	持有至到期投资	2,312,781,000,000.00		营业税金及附加	21,484,000,000.00	
16	长期股权投资	40,325,000,000.00		手续费及佣金支出	--	
17	固定资产	90,569,000,000.00		业务及管理费	116,578,000,000.00	
18	在建工程	10,270,000,000.00		减：摊回分保费用	--	
19	递延所得税资产	21,712,000,000.00		资产减值损失	27,988,000,000.00	
20	其他资产	808,110,000,000.00		其他业务成本	284,000,000.00	
21	资产总计	13,458,622,000,000.00		三、营业利润	214,487,000,000.00	
22	向中央银行借款	51,000,000.00		加：补贴收入	--	
23	同业及其他金融机构存放款项	922,369,000,000.00		营业外收入	2,357,000,000.00	
24	拆入资金	125,633,000,000.00		减：营业外支出	1,418,000,000.00	
25	衍生金融负债	10,564,000,000.00		加：影响利润总额的其他科目	--	
26	吸收存款	11,145,557,000,000.00		四、利润总额	215,426,000,000.00	
27	应付职工薪酬	20,305,000,000.00		减：所得税	49,401,000,000.00	
28	应交税费	40,917,000,000.00		加：影响净利润的其他科目	--	
29	应付债券	100,410,000,000.00		五、净利润	166,025,000,000.00	
30	递延所得税负债	318,000,000.00		（一）归属于母公司所有者的净利润	165,156,000,000.00	
31	其他负债	270,841,000,000.00		（二）少数股东损益	869,000,000.00	
32	负债合计	12,636,965,000,000.00		六、每股收益	--	
33	实收资本（或股本）	349,019,000,000.00		（一）基本每股收益	0.48	
34	资本公积	122,820,000,000.00		（二）稀释每股收益	0.48	
35	减：库存股	--		备注		
36	盈余公积	53,782,000,000.00				
37	一般风险准备	93,071,000,000.00				
38	未分配利润	201,157,000,000.00				
39	少数股东权益	1,227,000,000.00				
40	外币报表折算差额	581,000,000.00				
41	非正常经营项目收益调整	--				
42	归属母公司所有者权益（或股东权益）	820,430,000,000.00				
43	所有者权益（或股东权益）合计	821,657,000,000.00				
44	负债和所有者权益（或股东权益）总计	13,458,622,000,000.00				
45	备注					

Sheet1 / Sheet2 / Sheet3

图 12-13　工商银行 2010 年资产负债表和利润表

要求：

(1) 计算偿债能力、营运能力、盈利能力和发展能力财务指标；

(2) 进行杜邦综合分析。

2. 利用 Excel 的 Web 查询功能，通过和讯财经网，网址为 http://www.hexun.com/，查询 600685 广船国际的 2015 年、2014 年和 2013 年度的会计报表并计算其偿债能力、营运能力、盈利能力和发展能力指标。在和讯的主页的股票查询中，输入 600685，进入广船国际的页面，点击财务指标，就可以找到会计报表。如进入资产负债表，点击全部年度就可以选择需要的会计年度的会计报表。

3. 对上述两题的财务指标进行比较，试分析银行业和制造业财务指标的异同，及各自行业的特点。

第13章 国际财务管理

实验 13.1 国际贷款实际融资成本测算

13.1.1 实验案例

国内某企业按 8%的利率取得一笔期限为一年的 1 000 万港币。企业收到该笔贷款后将其兑换为人民币,以向供应商支付货款。当时的汇率是 1 港元=0.82 元人民币。如果在归还贷款时港元汇率升至 1 港元=0.85 元人民币,要求计算该企业的贷款本利和实际贷款融资利率。该企业所得税税率为 25%。

13.1.2 实验目的

国际贷款融资成本是指国际企业从国外筹借资金所付出的代价,包括支付的利息、费用和外币折合差额等。企业的实际融资成本只有低于企业资金利润率的时候,才会获得财务杠杆利益,提高企业经济效益。

13.1.3 知识预备

本实验将运用到的计算公式:

国际贷款实际融资利率 $K=[(1+i)(1+e)-1]\times(1-T)$,其中:

K——实际融资率;

i——利率;

T——所得税税率;

e——外币即期汇率的变动百分比,$e=\left(\frac{S_1-S_0}{S_0}\right)$;

S_1——期末即期汇率;

S_0——期初即期汇率。

13.1.4 操作步骤

本实验的操作步骤如下:

(1) 创建工作簿,输入数据至工作表;

(2) 计算贷款本利和；

(3) 计算汇率变动百分比；

(4) 计算贷款实际融资利率。

具体操作如下：

1. 创建工作簿

创建工作簿，在工作表中建立融资成本测算表格，输入有关数据，如图 13-1 所示。

A1 fx 国际贷款实际融资成本测算

	A	B	C
1	国际贷款实际融资成本测算		
2	贷款额/港币	1000	
3	利率	8%	
4	期初汇率	0.82	
5	期末汇率	0.85	
6	所得税率	25%	
7	贷款本利和/人民币		
8	港币汇率变动百分比		
9	实际融资利率		

Sheet1 Sheet2 She

图 13-1 创建工作簿

2. 计算贷款本利和

在单元格 B7 中输入公式：=B2 * (1+B3) * B5，则可算得到期应偿还的贷款本利和，如图 13-2 所示。

B7 fx =B2*(1+B3)*B5

	A	B	C
1	国际贷款实际融资成本测算		
2	贷款额/港币	1000	
3	利率	8%	
4	期初汇率	0.82	
5	期末汇率	0.85	
6	所得税率	25%	
7	贷款本利和/人民币	918	
8	港币汇率变动百分比		
9	实际融资利率		

Sheet1 Sheet2 She

图 13-2 贷款本利和的计算

3. 计算汇率变动百分比

在单元格 B8 中输入公式：=(B5－B4)/B4，则可算得港币汇率变动百分比，如图 13-3 所示。

B8　f_x　=(B5-B4)/B4

	A	B
1	国际贷款实际融资成本测算	
2	贷款额/港币	1000
3	利率	8%
4	期初汇率	0.82
5	期末汇率	0.85
6	所得税率	25%
7	贷款本利和/人民币	918
8	港币汇率变动百分比	3.66%
9	实际融资利率	

Sheet1 / Sheet2 / She

图 13-3　汇率变动百分比的计算

4. 计算贷款实际融资利率

在单元格 B9 中输入公式：=((1+B3)＊(1+B8)−1)＊(1−B6)，则可算得贷款实际融资利率，如图 13-4 所示。

B9　f_x　=((1+B3)*(1+B8)-1)*(1-B6)

	A	B
1	国际贷款实际融资成本测算	
2	贷款额/港币	1000
3	利率	8%
4	期初汇率	0.82
5	期末汇率	0.85
6	所得税率	25%
7	贷款本利和/人民币	918
8	港币汇率变动百分比	3.66%
9	实际融资利率	8.96%

Sheet1 / Sheet2 / She

图 13-4　贷款实际融资利率的计算

实验 13.2　国际贷款融资风险的规避

13.2.1　实验案例

国内某跨国公司需要借入一年期价值相当于 5 000 万元人民币的贷款，现有 3 种货币可供选择，各货币利率为：人民币利率 7.25%；欧元利率 3.5%；日元利率 2.5%。由于欧元和日元的贷款利率相对较低，该公司打算借入外币。该公司有 3 种选择：一是只借入欧元；二是只借入日元；三是组合借入欧元和日元，且借入的欧元和日元各占其所需资金的一半。已知欧元和日元从取得到归还的即期汇率可能变动百分比及其概率见表 13-1，试分析各种选择方案下的融资成本。

表 13-1 汇率变动百分比及其概率

币　种	贷款期内即期汇率可能变动百分比	即期汇率可能变动百分比的概率
欧元	1%	35%
	3%	50%
	6%	15%
日元	-1%	35%
	2%	45%
	5%	20%

13.2.2 实验目的

国际企业利用国际贷款筹集外汇资金，在一定条件下能够给企业带来财务杠杆利益，但也存在风险。其风险来源主要来自利率风险和汇率风险。本实验通过计算货币组合融资的实际利率来反映货币组合规避风险的优点。

13.2.3 知识预备

国际企业运用多种外币组合融资，常常能够使融资成本降低，达到减少风险的目的。

本实验将运用到的计算公式为：

国际贷款实际融资利率 $K=(1+i)(1+e)-1$，其中：

K——实际融资率；

i——利率；

e——外币即期汇率的变动百分比。

需要注意的是，本案例中两种货币的变动是相互独立的。

13.2.4 操作步骤

本实验的操作步骤如下：

(1) 创建工作簿，输入数据至工作表；

(2) 计算实际融资利率；

(3) 建立货币组合融资分析表；

(4) 计算综合概率；

(5) 计算组合融资的实际利率。

具体操作如下：

1. 创建工作簿

创建一个工作簿，在工作表中输入有关数据，如图 13-5 所示。

2. 计算实际融资利率

在单元格 D3 中输入公式：=(1+B3)*(1+C3)-1，拖动填充柄复制公式至 D8，则算得各情况下的实际融资利率，如图 13-6 所示。

3. 建立货币组合融资分析表

在“Sheet2”工作表中建立货币组合融资分析表，输入有关数据，如图 13-7 所示。

A1　实际融资利率计算

	A	B	C	D
1	实际融资利率计算			
2	币　种	利率	贷款期内即期汇率可能变动百分比	以即期汇率可能变动百分比为基础计算的实际融资利率
3	欧元	3.50%	1%	
4		3.50%	3%	
5		3.50%	6%	
6	日元	2.50%	-1%	
7		2.50%	2%	
8		2.50%	5%	

Sheet1 Sheet2 Sheet3

图 13-5　创建工作簿

D3　=(1+B3)*(1+C3)-1

	A	B	C	D
1	实际融资利率计算			
2	币　种	利率	贷款期内即期汇率可能变动百分比	以即期汇率可能变动百分比为基础计算的实际融资利率
3	欧元	3.50%	1%	4.54%
4		3.50%	3%	6.60%
5		3.50%	6%	9.71%
6	日元	2.50%	-1%	1.47%
7		2.50%	2%	4.55%
8		2.50%	5%	7.62%

Sheet1 Sheet2 Sheet3

图 13-6　实际融资利率的计算

A1　货币组合融资分析

	A	B	C	D	E	F
1	货币组合融资分析					
2	欧元		日元		综合概率	组合融资的实际利率
3	利率	概率	利率	概率		
4	4.54%	35.00%	1.47%	35.00%		
5	4.54%	35.00%	4.55%	45.00%		
6	4.54%	35.00%	7.62%	20.0%		
7	6.60%	50.00%	1.47%	35.00%		
8	6.60%	50.00%	4.55%	45.00%		
9	6.60%	50.00%	7.62%	20.0%		
10	9.71%	15.00%	1.47%	35.00%		
11	9.71%	15.00%	4.55%	45.00%		
12	9.71%	15.00%	7.62%	20.0%		

Sheet1 Sheet2 Sheet3

图 13-7　建立货币组合融资分析表

4. 计算综合概率

在单元格 E4 中输入公式：=B4 * D4，拖动填充柄复制公式至单元格 E12，则可算得各种组合下的汇率变动综合概率，如图 13-8 所示。

E4 =B4*D4

	A	B	C	D	E	F
1	货币组合融资分析					
2	欧元		日元		综合概率	组合融资的实际利率
3	利率	概率	利率	概率		
4	4.54%	35.00%	1.47%	35.00%	12.25%	
5	4.54%	35.00%	4.55%	45.00%	15.75%	
6	4.54%	35.00%	7.62%	20.0%	7.00%	
7	6.60%	50.00%	1.47%	35.00%	17.50%	
8	6.60%	50.00%	4.55%	45.00%	22.50%	
9	6.60%	50.00%	7.62%	20.0%	10.00%	
10	9.71%	15.00%	1.47%	35.00%	5.25%	
11	9.71%	15.00%	4.55%	45.00%	6.75%	
12	9.71%	15.00%	7.62%	20.0%	3.00%	

Sheet1 Sheet2 Sheet3

图 13-8 综合概率的计算

5. 计算组合融资的实际利率

在单元格 F4 中输入公式：=A4 * 50%+C4 * 50%，拖动填充柄复制公式至单元格 F12，则可算得各种组合融资的实际利率，如图 13-9 所示。

F4 =A4*50%+C4*50%

	A	B	C	D	E	F
1	货币组合融资分析					
2	欧元		日元		综合概率	组合融资的实际利率
3	利率	概率	利率	概率		
4	4.54%	35.00%	1.47%	35.00%	12.25%	3.01%
5	4.54%	35.00%	4.55%	45.00%	15.75%	4.55%
6	4.54%	35.00%	7.62%	20.0%	7.00%	6.08%
7	6.60%	50.00%	1.47%	35.00%	17.50%	4.04%
8	6.60%	50.00%	4.55%	45.00%	22.50%	5.58%
9	6.60%	50.00%	7.62%	20.0%	10.00%	7.11%
10	9.71%	15.00%	1.47%	35.00%	5.25%	5.59%
11	9.71%	15.00%	4.55%	45.00%	6.75%	7.13%
12	9.71%	15.00%	7.62%	20.0%	3.00%	8.67%

Sheet1 Sheet2 Sheet3

图 13-9 组合融资实际利率的计算

由表 13-1 和图 13-6 可以看出，欧元实际融资利率为 9.71%的概率是 15%，日元融资实际融资利率为 7.62%的概率是 20%，已知人民币贷款利率是 7.25%，则说明欧元和日元的融资成本高于国内融资成本的概率分别是 15%和 20%。同理，由图 13-9 可以看出，组合的实际融资利率为 8.67%的概率是 3%，表明组合融资(50%为欧元，50%为日元)的成本高于国内融资成本的可能性仅为 3%。因此，外币组合融资一定程度上能达到减少风险的目的。

实验 13.3　国际贷款货币的选择

13.3.1　实验案例

【案例 13-1】 国内某合资企业拟从银行取得一笔一年期外汇贷款，有美元和港元两种货币可供选择。年利率为：借美元 13%，借港元 8%，期满一次还本付息。企业可借 500 000 美元，或借 3 868 800 港元(500 000 美元×7.7376)。借款时的汇率是：1 美元＝7.7376 港元，1 美元＝6.3812 人民币，1 港元＝0.8247 人民币。还款时汇率波动的各种可能性及相应概率见表 13-2，要求用预期成本分析法替该企业选择借款的货币种类。

表 13-2　汇率波动可能性及其概率

美元汇率	概　率	港元汇率	概　率
6.3438	20%	0.8320	20%
6.4756	40%	0.8447	40%
6.5800	30%	0.8684	30%
6.7200	10%	0.9113	10%
合　计	100%		100%

【案例 13-2】 同样是案例 13-1 中的企业，其他条件不变，但是预测还款时汇率是：1 美元＝7.6662 港元，1 美元＝6.4756 元人民币，1 港元＝0.8447 元人民币。要求用临界点分析法分析不同货币的借款成本。

13.3.2　实验目的

在国际金融市场上汇率的波动受多种因素的影响，一般很难预测。这种难以预测的汇率波动就是汇率风险。在进行信贷货币的选择时，有预期成本分析法、预期汇率分析法、标准离差分析法、临界点分析法。本实验将运用预期成本分析法和临界点分析法来介绍国际信贷货币的选择。

13.3.3　知识预备

预期成本分析法是比较各种选择结果的数学期望值。这里的期望值的经济含义是借款成本的未来值，即预期成本对不同借款的预期成本的比较，从中做出选择。

临界点分析法则是指先求出临界点的汇率，即两种借款方案成本相等时的汇率，然后再做直观分析。

13.3.4　操作步骤

【案例 13-1】 的操作步骤如下：

(1) 创建工作簿，输入数据至工作表；

(2) 计算利息；

(3) 计算汇率变动；

(4) 计算本金汇率折合差额;

(5) 计算借款成本;

(6) 计算借美元的预期成本及其合计值;

(7) 计算借港元的预期成本及其合计值。

具体操作如下:

1. 创建工作簿

创建一工作簿,建立预期成本计算表,并输入有关数据,如图 13-10 所示。

A1 借美元预期成本

	A	B	C	D	E	F	G	H	I
1	借美元预期成本								
2	汇率	概率	借款本金(美元)	利息		汇率变动	本金汇率折合差额	借款成本	预期成本
3				美 元	人民币				
4	6.3438	20%	500000						
5	6.4756	40%	500000						
6	6.5800	30%	500000						
7	6.7200	10%	500000						
8	合 计	100%							

Sheet1 Sheet2 Sheet3

图 13-10 创建工作簿

2. 计算利息

在单元格 D4 中输入公式:=C4 * 13%,拖动填充柄复制公式至单元格 D7,则算得以美元计价的利息,在单元格 E4 中输入公式:=D4 * A4,拖动填充柄复制公式至单元格 E7,则算得以人民币计价的利息,如图 13-11 所示。

E4 =D4*A4

	A	B	C	D	E	F	G	H	I
1	借美元预期成本								
2	汇率	概率	借款本金(美元)	利息		汇率变动	本金汇率折合差额	借款成本	预期成本
3				美 元	人民币				
4	6.3438	20%	500000	65000	412347				
5	6.4756	40%	500000	65000	420914				
6	6.5800	30%	500000	65000	427700				
7	6.7200	10%	500000	65000	436800				
8	合 计	100%							

Sheet1 Sheet2 Sheet3

图 13-11 利息的计算

3. 计算汇率变动

在单元格 F4 中输入公式:=A4-6.3812,拖动填充柄复制公式至单元格 F7,则算得各情况下的汇率变动,如图 13-12 所示。

4. 计算本金汇率折合差额

在单元格 G4 中输入公式:=C4 * F4,拖动填充柄复制公式至单元格 G7,则可算得各情况下的本金汇率折合差额,如图 13-13 所示。

F4 =A4-6.3812

	A	B	C	D	E	F	G	H	I
1	借美元预期成本								
2	汇率	概率	借款本金（美元）	利息		汇率变动	本金汇率折合差额	借款成本	预期成本
3				美元	人民币				
4	6.3438	20%	500000	65000	412347	-0.0374			
5	6.4756	40%	500000	65000	420914	0.0944			
6	6.5800	30%	500000	65000	427700	0.1988			
7	6.7200	10%	500000	65000	436800	0.3388			
8	合计	100%							

Sheet1 Sheet2 Sheet3

图 13-12 汇率变动的计算

G4 =C4*F4

	A	B	C	D	E	F	G	H	I
1	借美元预期成本								
2	汇率	概率	借款本金（美元）	利息		汇率变动	本金汇率折合差额	借款成本	预期成本
3				美元	人民币				
4	6.3438	20%	500000	65000	412347	-0.0374	-18700		
5	6.4756	40%	500000	65000	420914	0.0944	47200		
6	6.5800	30%	500000	65000	427700	0.1988	99400		
7	6.7200	10%	500000	65000	436800	0.3388	169400		
8	合计	100%							

Sheet1 Sheet2 Sheet3

图 13-13 本金汇率折合差额的计算

5. 计算借款成本

在单元格 H4 中输入公式：＝E4＋G4，拖动填充柄复制公式至单元格 H7，则可算得各情况下的借款成本，如图 13-14 所示。

H4 =E4+G4

	A	B	C	D	E	F	G	H	I
1	借美元预期成本								
2	汇率	概率	借款本金（美元）	利息		汇率变动	本金汇率折合差额	借款成本	预期成本
3				美元	人民币				
4	6.3438	20%	500000	65000	412347	-0.0374	-18700	393647	
5	6.4756	40%	500000	65000	420914	0.0944	47200	468114	
6	6.5800	30%	500000	65000	427700	0.1988	99400	527100	
7	6.7200	10%	500000	65000	436800	0.3388	169400	606200	
8	合计	100%							

Sheet1 Sheet2 Sheet3

图 13-14 借款成本的计算

6. 计算预期成本及其合计值

在单元格 I4 中输入公式：＝H4 * B4，拖动填充柄复制公式至单元格 I7，则可算得各情况下的预期成本，在单元格 I8 中输入公式：＝SUM(I4:I7)，则算得合计值，如图 13-15 所示。

7. 计算借港元的预期成本及其合计值

在“Sheet2”工作表中建立借港元的预期成本计算表，参照上述步骤，同样可以算得借港

I8 =SUM(I4:I7)

	A	B	C	D	E	F	G	H	I
1	借美元预期成本								
2	汇率	概率	借款本金（美元）	利息		汇率变动	本金汇率折合差额	借款成本	预期成本
3				美元	人民币				
4	6.3438	20%	500000	65000	412347	-0.0374	-18700	393647	78729
5	6.4756	40%	500000	65000	420914	0.0944	47200	468114	187246
6	6.5800	30%	500000	65000	427700	0.1988	99400	527100	158130
7	6.7200	10%	500000	65000	436800	0.3388	169400	606200	60620
8	合 计	100%							484725

Sheet1 Sheet2 Sheet3

图 13-15　预期成本及其合计值的计算

元时的预期成本及其合计值，如图 13-16 所示。

I8 =SUM(I4:I7)

	A	B	C	D	E	F	G	H	I
1	借港元预期成本								
2	汇 率	概率	借款本金（港元）	利息		汇率变动	本金汇率折合差额	借款成本	预期成本
3				港 元	人民币				
4	0.8320	20%	3868800	309504	257507	0.0073	28242	285750	57150
5	0.8447	40%	3868800	309504	261438	0.0200	77376	338814	135526
6	0.8684	30%	3868800	309504	268773	0.0437	169067	437840	131352
7	0.9113	10%	3868800	309504	282051	0.0866	335038	617089	61709
8	合 计	100%							385736

Sheet1 Sheet2 Sheet3

图 13-16　借港元的预期成本及其合计值的计算

由图 13-15 和图 13-16 可以得出借美元的预期成本 484 725 元人民币大于借港元的预期成本 385 736 元人民币，所以企业应该选择港元进行贷款。

【案例 13-2】 的操作步骤如下：

(1) 创建工作簿，建立工作表；

(2) 计算临界点汇率；

(3) 计算借款成本。

具体操作如下：

1. 创建工作簿

创建一工作簿，在工作表中建立临界点汇率分析表，输入有关数据，如图 13-17 所示。

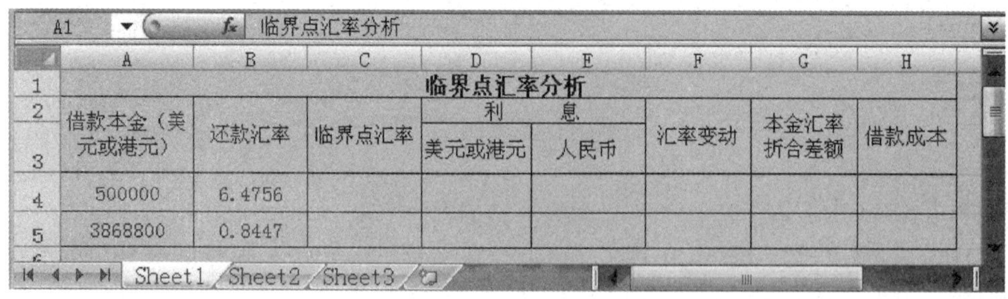

A1 临界点汇率分析

	A	B	C	D	E	F	G	H
1	临界点汇率分析							
2	借款本金（美元或港元）	还款汇率	临界点汇率	利息		汇率变动	本金汇率折合差额	借款成本
3				美元或港元	人民币			
4	500000	6.4756						
5	3868800	0.8447						

Sheet1 Sheet2 Sheet3

图 13-17　创建工作簿

2. 计算临界点汇率

在单元格 C4 中输入公式：=A4*(1+13%)*B4/(A5*(1+8%))，在单元格 C5 中输入公式：=A5*(1+8%)*B5/(A4*(1+13%))，则可分别算得 1 美元=6.4756 元人民币下的临界点汇率和 1 港元=0.8447 元人民币下的临界点汇率，如图 13-18 所示。

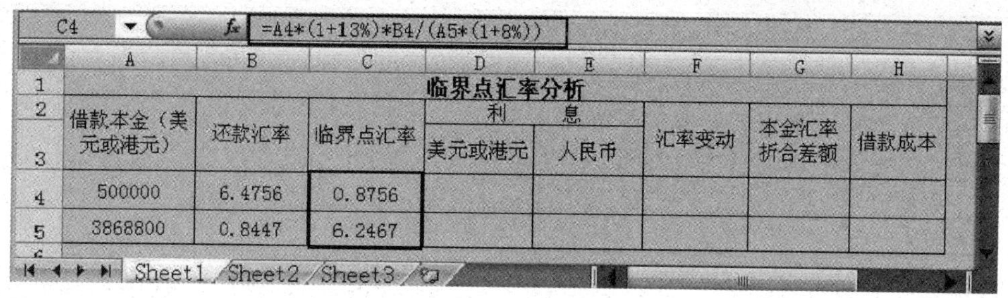

C4　=A4*(1+13%)*B4/(A5*(1+8%))

	A	B	C	D	E	F	G	H
1	临界点汇率分析							
2	借款本金（美元或港元）	还款汇率	临界点汇率	利息		汇率变动	本金汇率折合差额	借款成本
3				美元或港元	人民币			
4	500000	6.4756	0.8756					
5	3868800	0.8447	6.2467					

Sheet1　Sheet2　Sheet3

图 13-18　临界点汇率的计算

3. 计算借款成本

参照案例 13-1 中的操作步骤 2 至操作步骤 5 即可算得临界点汇率下的借款成本，如图 13-19 所示。

H4　=G4+E4

	A	B	C	D	E	F	G	H
1	临界点汇率分析							
2	借款本金（美元或港元）	还款汇率	临界点汇率	利息		汇率变动	本金汇率折合差额	借款成本
3				美元或港元	人民币			
4	500000	6.4756	0.8756	309504	271016	0.0509	197099	468115
5	3868800	0.8447	6.2467	65000	406039	-0.1345	-67225	338813

Sheet1　Sheet2　Sheet3

图 13-19　借款成本的计算

由图 13-19 可以看出，1 美元=6.4756 元人民币下的临界点汇率为 1 港元=0.8756 元人民币，大于还款时的 1 港元=0.8447 元人民币，说明借港元更合理，而算出的借款成本也验证了这一点。同理，由 1 港元=0.8447 元人民币时临界点汇率也能得出相同的结论。

【应用与练习】

1. A 公司按 9% 的利率取得了一笔期限为一年的 160 万美元贷款。当收到该笔贷款时，A 公司即将其兑换为人民币，以支付供应商设备款，当时的汇率是 1 美元=8.35 元人民币（资金借入日）。1 年以后归还本息时，汇率是 1 美元=8.28 元人民币（贷款归还日）。

要求：计算该项贷款的实际筹资利率。

2. 一家日本公司准备筹借 5 800 万日元用于下一年度经营，一家日本银行愿意提供年利率为 3% 的贷款，而一家美国银行愿意提供年利率为 2% 的美元贷款，目前的即期利率为：1 美元=116 日元，该公司对美元远期汇率的预测结果如下：

预期汇率(人民币/美元)	概率/%
112	10
116	40
120	30
122	20

要求:

(1) 试分析日元与美元贷款的平衡点汇率;

(2) 试用成本分析法做出选择哪种货币贷款的决策;

(3) 若借款到期时,该公司有 40 万美元贷款收回,应选择哪种货币贷款?

附录　利用 Excel 快速测算国际贷款融资成本

近年来，我国企业融资渠道逐步走向国际市场，国际贷款融资成本是指国内企业从国外筹借外汇资金时所付出的代价。企业的实际融资成本只有低于企业资金利润率时，才会获得财务杠杆利益。对国际贷款融资成本进行测算，是国际贷款融资决策的需要，但是，由于国际市场汇率变动频繁，为快速计算国际贷款的融资成本带来了一定的困难。本附录将介绍一种利用 Excel 的 VBA 快速测算国际贷款融资成本的方法，辅助企业财务人员进行正确的决策，以便企业规避市场风险。

操作步骤如下：

1. 新建一个 Excel 工作簿，选择【Office】按钮中的“Excel 选项”进行 Visual Basic 编辑器的添加启动或者使用快捷键“Alt＋F11”来快速启动编辑器。插入一个用户窗体，窗体名称为“UserForm1”，将窗体的 Caption 属性改为“国际贷款融资成本测算”，如图 1 所示。

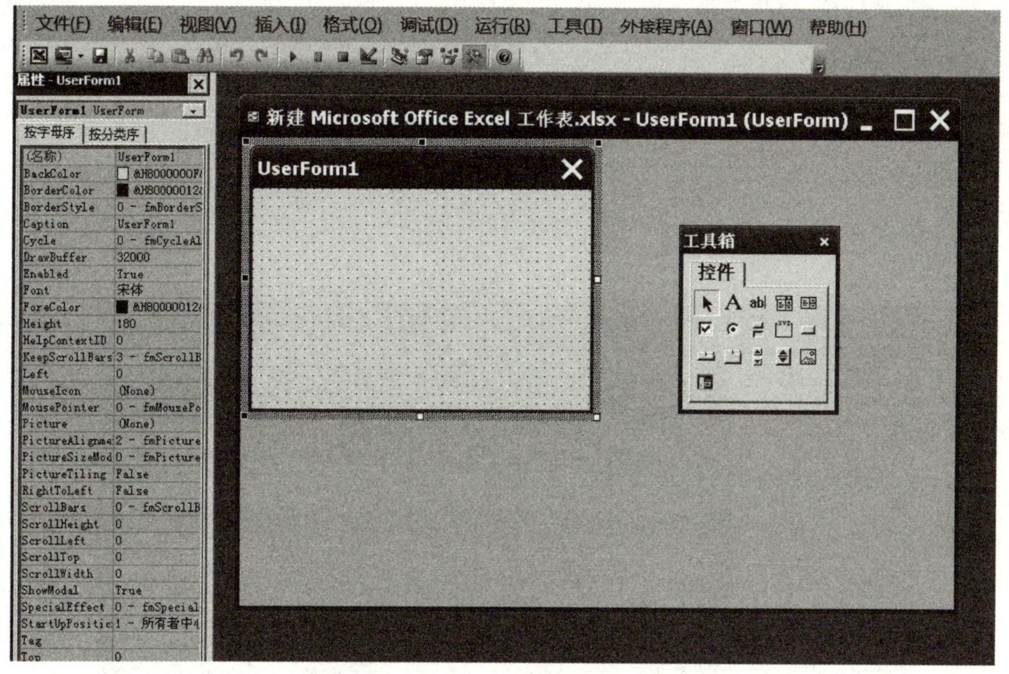

图 1　启动 Visual Basic 编辑器插入用户窗体

2. 通过工具箱在窗体上分别添加 4 个文字框，用以用户输入“贷款币种”“贷款利率”“当前汇率”和预期的“到期汇率”，添加 4 个标签并分别修改其 Caption 属性来对文字框进行标注，添加一个标签，用于输出计算结果，最后添上一个命令按钮，将按钮的 Caption 属性改为“开始测算”，完成的窗体如图 2 所示。

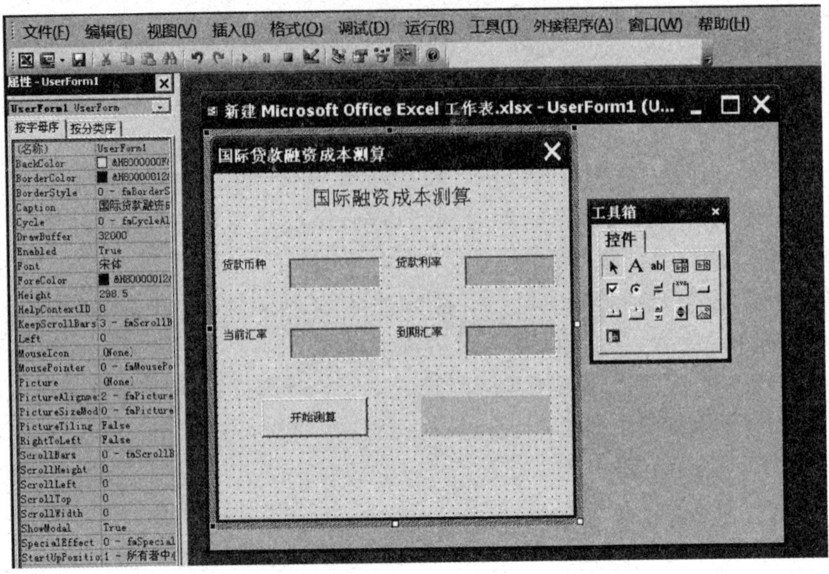

图 2　添加控件

3. 双击窗体部分,在弹出窗口中输入代码:

```
Dim s0 As Single
Dim s1 As Single
Dim i As Single
Dim k As Single
Dim m As String
```

如图 3 所示。

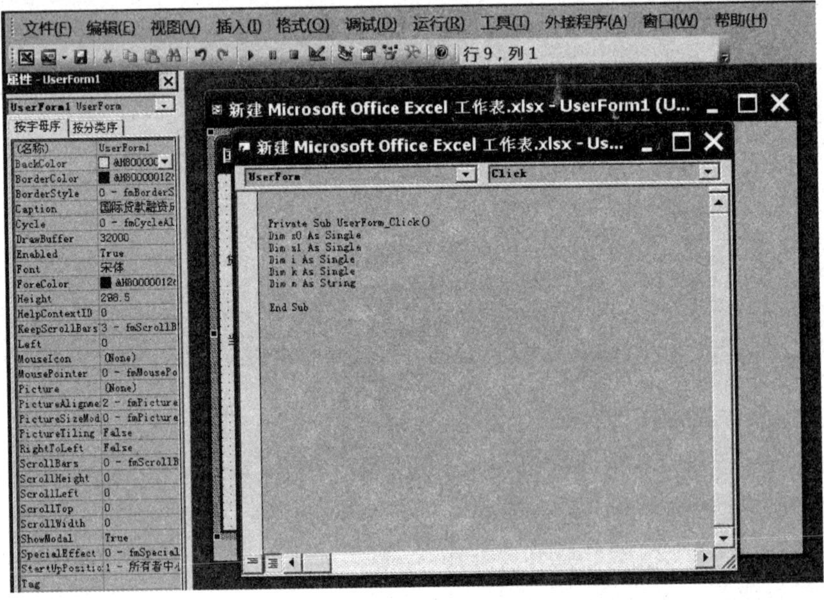

图 3　输入窗体通用部分的代码

4. 双击命令按钮，在弹出窗口中输入代码：

```
If TextBox2 = "" Or 0 Then
m = MsgBox("请填入正确的贷款利率", vbOKOnly, "错误警告")
Exit Sub
End If
If TextBox3 = "" Or 0 Then
m = MsgBox("请填入正确的汇率", vbOKOnly, "错误警告")
Exit Sub
End If
If TextBox4 = "" Or 0 Then
m = MsgBox("请填入正确的汇率", vbOKOnly, "错误警告")
Exit Sub
End If
s0 = TextBox3
s1 = TextBox4
i = TextBox2
k = (1 + i) * (1 + (s1 - s0) / s0) - 1
Label6.Caption = "融资成本为" + Str(CCur(k))
```

如图 4 所示。

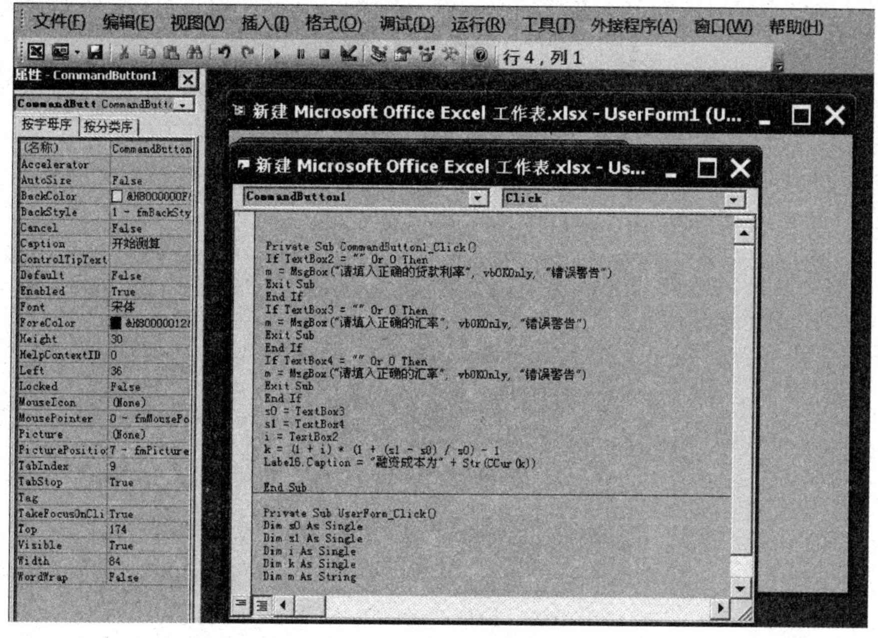

图 4　输入命令按钮的代码

5. 点击【运行】按钮或快捷键“F5”运行该用户窗体，在文字框中输入有关数据，点击“开始测算”，则可以快速得到运算结果，如图 5 所示。

6. 若不输入利率等数据，点击“开始测算”则会弹出错误警告窗口，如图 6 所示。

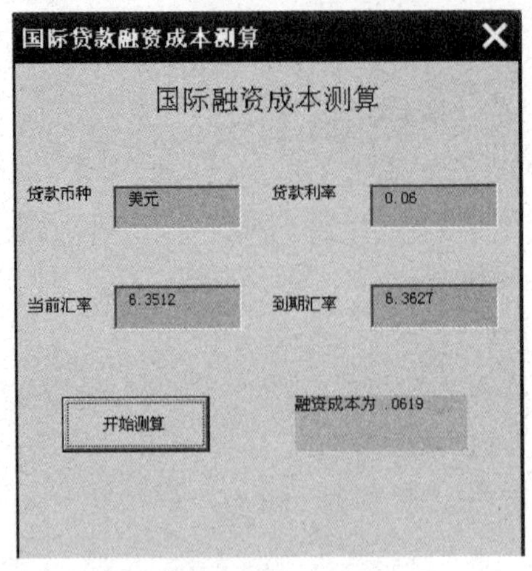

图 5　运行窗体进行数据测算

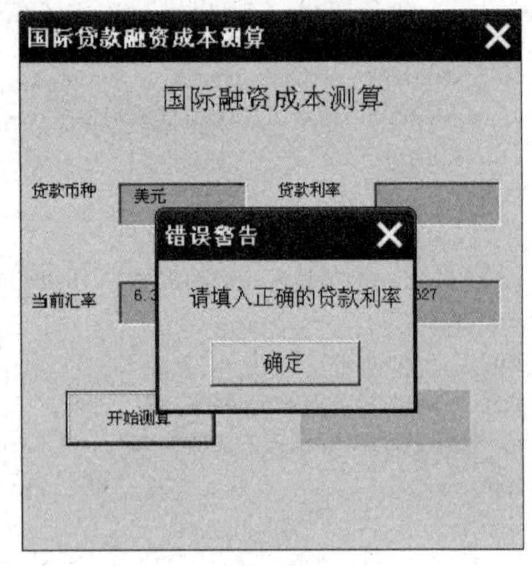

图 6　错误警告

参考文献

1. 陈玉菁，宋良荣．财务管理(第三版)．北京：清华大学出版社，2011
2. 陈玉菁，赵洪进，顾晓安．财务管理实务与案例(第三版)．北京：中国人民大学出版社，2015
3. 中国注册会计师协会．财务成本管理．北京：中国财政经济出版社，2015
4. 朱志敏，景丽，田红．Excel 财务与会计应用标准教程．北京：清华大学出版社，2010
5. 秦晓宏，章小盛，张强．Excel 2007 财务管理与分析典型实例．北京：电子工业出版社，2009
6. 王顺金，庄小欧．Excel 财务与会计应用精粹．北京：北京理工大学出版社，2009
7. 黄操军，汪文立．Excel 在财务分析与投资管理中的应用．北京：中国水利水电出版社，2008
8. 杨小打．Excel 在财务管理中的典型应用．北京：清华大学出版社，2008
9. 盛杰．Excel 财务应用典型案例．北京：清华大学出版社，2007
10. 韩蕾，郑伟．Excel 在财务与会计中的应用．北京：机械工业出版社，2010
11. [美]西蒙·本尼卡，著．邵建利，译．财务金融建模：用 Excel 工具．上海：格致出版社，2010
12. 蒋丽，艾琳，刘红伟．Excel 会计与财务管理应用．北京：机械工业出版社，2008
13. 杨静．畅通无阻学 Excel 财务管理．北京：机械工业出版社，2008
14. 李宗民．Excel 与财务应用．北京：中国电力出版社，2009
15. [美]格莱葛 W．霍顿，著．谢岚，林润华，何雪艳，译．财务管理：以 Excel 为分析工具．北京：机械工业出版社，2010
16. 武新华，曹燕华，肖霞．Excel 2007 在财务管理中的应用．北京：清华大学出版社，2007
17. 张辉，刘振威，王峰声．Excel 2007 财务管理及应用．北京：机械工业出版社，2009
18. 王守龙，王炜．利用 Excel 构建企业价值评估模型初探．价值工程，2008 年第 5 期
19. 蒙坪，王兴莲，刘小伟．Excel 财会应用范例．北京：机械工业出版社，2008
20. 卢家仪，蒋冀．财务管理(第三版)．北京：清华大学出版社，2006

教学支持说明

尊敬的老师：

您好！为方便教学，我们为采用本书作为教材的老师提供教学辅助资源。鉴于部分资源仅提供给授课教师使用，请您填写如下信息，发电子邮件给我们，或直接手机扫描上方二维码在线填写提交给我们，我们将会及时提供给您教学资源或使用说明。

（本表电子版下载地址：http://www.tup.com.cn/subpress/3/jsfk.doc）

课程信息

书　　名			
作　　者		书号（ISBN）	
开设课程1		开设课程2	
学生类型	□本科　□研究生　□MBA/EMBA　□在职培训		
本书作为	□主要教材　□参考教材	学生人数	
对本教材建议			
有何出版计划			

您的信息

学　　校			
学　　院		系/专业	
姓　　名		职称/职务	
电　　话		电子邮件	
通信地址			

清华大学出版社客户服务：

E-mail: tupfuwu@163.com

电话：010-62770175-4506/4903

地址：北京市海淀区双清路学研大厦 B 座 506 室

网址：http://www.tup.com.cn/

传真：010-62775511

邮编：100084